Bibliothek für Arbeiterrecht.
Herausgegeben von Dr. Menzen, Landrichter.
Band III.

Führer

durch die gesammte

Arbeiterversicherung

auf Grund der

Reichsgesetze über Kranken-, Unfall-, Invaliditäts- und Altersversicherung

in übersichtlicher, populärer Darstellung.

Nachschlagebuch und Rathgeber

für Jedermann

von

E. Pfafferoth,
Kanzleirath im Reichs-Justiz-Amt.

Zweite vermehrte und verbesserte Auflage.

Berlin 1891.
J. J. Heines Verlag.

Vorwort.

Die in erster Linie für die breiten Schichten der gewerbetreibenden und arbeitenden Bevölkerung bestimmte Schrift will einerseits allen denen, die sich für die neue Arbeiterversicherungs-Gesetzgebung interessiren oder deren Wirkungskreis damit zusammenhängt, ein Mittel bieten, um in kurzer Zeit einen Ueberblick über das gesammte, neugeregelte Gebiet gewinnen zu können, ohne sich zeitraubenden und mühseligen Studien der einschlägigen, nicht wenig zahlreichen, ausgedehnten und schwierigen Gesetze, Verordnungen u. a. unterziehen zu müssen; andererseits insbesondere den Betheiligten eine Handhabe reichen, welche sie in allen vorkommenden Fällen des Bedarfs in den Stand setzt, sich schnell mit einem Blick über die ihnen aus dieser Reform-Gesetzgebung erwachsenden Rechte und Pflichten und über die ihnen in dieser Beziehung gewährten Rechtsmittel die nöthige Aufklärung und Gewißheit zn verschaffen.

Zur Erreichung dieses Zieles giebt das Buch zunächst in knappen Umrissen ein Bild der neugeschaffenen, mannigfaltigen Organisationen der verschiedenen Versicherungsarten, bespricht die Ausdehnung und den Umfang der Versicherungspflicht und reiht daran eine eingehende Darstellung der den Versicherten zustehenden Ansprüche auf Renten, Unterstützungen u. dgl. und ebenso über die zu leistenden Beiträge. In einem zweiten Theil wird sodann die Einrichtung und Verwaltung der einzelnen Versicherungszweige des Näheren ausgeführt; ferner das Verfahren bei Festsetzung und Auszahlung der Renten 2c., wie auch die Art der Aufbringung der Mittel im Einzelnen erörtert. Eingereihte Beispiele und statistische Angaben, ein Verzeichniß sämmtlicher Versicherungsanstalten und Berufsgenossenschaften, sowie ein ausführliches Inhaltsregister und eine Zusammenstellung aller in Betracht kommenden Gesetze, Verordnungen, Bekanntmachungen werden die Brauchbarkeit des Buches erhöhen.

Das Buch dürfte sich sonach gewiß als ein nutzbringendes Hand- und Nachschlagebuch für Jedermann und als ein praktischer unentbehrlicher Rathgeber für alle Betheiligte: Gewerbetreibende aller Art, Fabrikanten, Handwerker, Unternehmer, Kaufleute, Landwirthe, Rheder u. a., sowie vornehmlich für die gesammten Betriebsbeamten und Arbeiter eignen und überall einem wirklichen Bedürfnisse entgegenkommen.

Möge es dieser Arbeit denn gelingen, an ihrem bescheidenen Theil zur Förderung eines allgemeineren Verständnisses der großen Errungenschaften der Sozialreform-Gesetzgebung der letzten Jahre, des Marksteins einer neuen Zeit nach Möglichkeit beizutragen.

Berlin, Juni 1889.

Zur zweiten Auflage.

Die zweite Auflage ist einer gründlichen Durcharbeitung unterzogen worden, wobei insbesondere auch die sämmtlichen Ausführungsbestimmungen zum Invaliditäts- und Altersversicherungsgesetz sowie die neuesten statistischen Ergebnisse der Kranken- und Unfallversicherung Berücksichtigung gefunden haben. Als Ergänzung hierzu ist noch hergestellt und besonders erschienen: der „Rechtsbeistand“ und die „Rententafel.“

Berlin im Dezember 1890.

C. Pfafferoth.

Inhaltsangabe.

III. Aufbringung der Mittel für die Renten, Entschädigungen und Unterstützungen.

IV. Organisation der Versicherung im Allgemeinen.

Zweiter Theil.

Ueber Einrichtung und Verwaltung der Versicherungen sowie Verfahren im Einzelnen.

III. Invaliditäts- und Altersversicherung.

Anhang:

Verzeichniß

der über die Arbeiterversicherung ergangenen und in nachstehender Schrift berücksichtigten Gesetze, Verordnungen, Bekanntmachungen u. dgl.

---

1. Gesetz, betr. die Krankenversicherung der Arbeiter, vom 15. Juni 1883 (R.G.Bl. S. 73—104) §§ 1—88, seit 1. Dezember 1884. in Kraft.
2. Novelle dazu vom 28. Januar 1885 (R.G.Bl. S. 5) § 1.
3. Reichsgesetz über die eingeschriebenen Hülfskassen vom 7. April 1876 (R.G.Bl. S. 125) und
4. Novelle dazu vom 1. Juni 1884 (R.G.Bl. S. 54).
5. Unfallversicherungsgesetz vom 6. Juli 1884 (R.G.Bl. S. 69) §§ 1—111, seit 1. Oktober 1885 in Kraft.
6. Bekanntmachungen, betr. die Unfallversicherung von Arbeitern und Betriebsbeamten in Betrieben, welche sich auf die Ausführung von Bauarbeiten erstrecken, vow 22. Januar 1885 (R.G.Bl. S. 73), 27. Mai 1886 (R.G.Bl. S. 190) und 14. Januar 1888 (R.G.Bl. S. 1).
7. Bekanntmachung vom 23. Februar 1885 (Central-Bl. S. 51) betr. das Rechnungsjahr der Berufsgenossenschaften.
8. Gesetz über die Ausdehnung der Unfall- uud Krankenversicherung vom 28. Mai 1885 (R.G.Bl. S. 159) §§ 1—17, in Kraft seit 1. Oktober 1885 bzw. 1. Juli 1886.
9. Gesetz, betr. die Unfall- und Krankenversicherung der in land- und forstwirthschaftlichen Betrieben beschäftigten Personen, vom 5. Mai 1886 (R.G.Bl. S. 132) §§ 1—143, vom 1. April 1888 nacheinander in den einzelnen Bundesstaaten in Kraft getreten — nebst Landes-Unfallversicherungsgesetzen.

10. Gesetz, betr. die Unfallversicherung der bei Bauten beschäftigten Personen, vom 11. Juli 1887 (R.G.Bl. S. 287) §§ 1—51, seit 1. Januar 1888 in Kraft.

11. Gesetz, betr. die Unfallversicherung der Seeleute und anderer bei der Seeschiffahrt betheiligter Personen, vom 13. Juli 1887 (R.G.Bl. S. 329) §§ 1—124, seit 1. Januar 1888 in Kraft.

12. Gesetz, betr. die Verbindlichkeit zum Schadensersatz für die bei dem Betriebe von Eisenbahnen, Bergwerken 2c. herbeigeführten Tödtungen und Körperverletzungen, vom 7. Juni 1871 (R G.Bl. S. 207).

13. Gesetz, betr. die Fürsorge für Beamte und Personen des Soldatenstandes, in Folge von Betriebsunfällen, vom 15. März 1886 (R.G.Bl. S. 53), seit 20. März 1886 in Kraft.

14. Allerh. Verodnungen, betr. die Formen des Verfahrens und den Geschäftsgang des Reichsversicherungsamts, vom 5. August 1885 (R.G.Bl. S. 255) und vom 13. November 1887 (R.G.Bl. S. 523).

15. Allerh. Verordnung, betr. das Verfahren vor den Schiedsgerichten, vom 2. November 1885 (R.G.Bl. S. 279).

16. Anleitungen des Reichsversicherungsamts, betr. die Anmeldung der Betriebe, vom 14. Juli 1884, 5. Juni 1885, 14. und 21. Juli 1887.

17. Bekanntmachungen des Reichsversicherungsamts, betr. den von der Krankenkasse in der Zeit von der 5. bis zur 13. Woche nach dem Unfall zu leistenden Mehrbetrag an Krankengeld, vom 30. September 1885 und 21. Dezember 1881.

18. Bekanntmachung, betr. die Berechnung des Kapitalwerthes der von der Tiefbau-Berufsgenossenschaft zu zahlenden Renten, vom 26. Januar 1889 (R.-Centralblatt S. 453.)

19. Gesetz, betr. die Invaliditäts- und Altersversicherung, vom 22. Juni 1889 (R.G.Bl. S. 97) §§ 1—162, seit 1. Jannar 1891 in Kraft.

20. Bekanntmachung des Reichskanzlers vom 14. Juni 1890, betr. die zu verwendende Quittungskarte (Reichs-Centralblatt S. 175).

21. Bekanntmachung des Reichsversicherungsamts vom 9. September 1890, betr. die zu verwendenden Beitrags- und Zusatzmarken (Reichs-Centralblatt S. 321).

22. Anleitung des Reichsversicherungsamts, betr. den Kreis der nach dem Invaliditäts- und Altersversicherungsgesetz versicherten Personen, vom 31. Oktober 1890.
23. Vorschriften, betr. die Einziehung der von den Rhedern für die Invaliditäts- und Altersversicherung der Seeleute zu entrichtenden Beiträge, vom 22. November 1890 — Bekanntmachung des Reichskanzlers vom 24. November 1890 (Reichs-Centralblatt S. 361).
24. Bekanntmachung des Reichskanzlers vom 27. November 1890, betr. Bestimmungen des Bundesraths über die Befreiung vorübergehender Beschäftigungen von der Versicherungspflicht und über die Entwerthung und Vernichtung von Marken. (Reichs-Centralblatt S. 360.)
25. Verordnung, betr. das Verfahren vor den auf Grund des Invaliditäts- und Altersversicherungsgesetzes errichteten Schiedsgerichten, vom 1. Dezember 1890 (R.G.Bl. S. 193).
26. Verordnung, betr. die Formen des Verfahrens und den Geschäftsgang des Reichsversicherungsamts in den Angelegenheiten der Invaliditäts- und Altersversicherung, vom 20. Dezember 1890 (R.G.Bl. S. 209)

Erster Theil.

Ueber Versicherungspflicht, Ansprüche der Versicherten, Beiträge und Organisation im Allgemeinen.

1. Die durch die ewig denkwürdige Kaiserliche Botschaft vom 17. November 1881 verheißenen Wohlfahrtseinrichtungen zur Besserung der Lage der Arbeiter sind durch die gesetzliche Regelung der Fürsorge gegen die wirthschaftlichen Folgen von Krankheiten oder Betriebsunfällen wie auch der durch Invalidität oder Alter eintretenden Erwerbsunfähigkeit nunmehr zum Abschluß gelangt. Ein hochbedeutsamer Fortschritt in der Kulturentwickelung hat sich damit vollzogen. Ueber eine Zahl von mehr als 13 Millionen Menschen sollen diese verschiedenen Einrichtungen fortan ihre Segnungen *) verbreiten, Noth und Elend lindernd und ein sorgenfreies Alter bereitend —

*) In wie reicher Fülle diese Wohlthaten sich ausbreiten werden, ist schon daraus zu ermessen, daß im Laufe des Jahres 1889, wo die Unfallversicherung noch nicht einmal in ihrer ganzen Ausdehnung in Wirksamkeit stand, allein 31 449 Unfälle Anlaß zur Gewährung von Entschädigungen und zwar im Betrage von etwa $14^1/_2$ Millionen Mark geboten haben; von diesen Unfällen hatten 5260 den Tod, 2908 eine dauernde völlige, die übrigen eine dauernde theilweise oder eine vorübergehende Erwerbsunfähigkeit zur Folge — Zahlen, die gewiß laut für sich sprechen.

und zwar durch Verleihung eines klagbaren, in keiner Weise zu schmälernden **Rechtsanspruchs** auf den nöthigen Beistand in den Fällen der Bedrängniß und der Hinfälligkeit.

Die Kranken- und Unfallversicherung steht bereits in voller Wirksamkeit innerhalb der ihr gesetzlich gezogenen Grenzen; die nunmehr geregelte Invaliditäts- und Alters-Versicherung tritt mit dem 1. Januar 1891 in Kraft.

Bei allen diesen Versicherungs-Einrichtungen ist der Versicherungs**zwang** eingeführt. Demselben sind gleichmäßig sowohl männliche, wie weibliche und auch jugendliche Personen unterworfen.

Die mit festem Gehalt und Pensionsberechtigung angestellten **Beamten** des Reichs, der Bundesstaaten und Kommunalverbände, sowie Personen des Soldatenstandes, werden von dieser Versicherungspflicht nicht getroffen, da für sie anderweit gesorgt ist.

I. Umfang der Versicherungspflicht.

A. Invaliditäts- und Altersversicherung.

2. Den größten Umfang hat die Invaliditäts- und Altersversicherung;*) denn sie umfaßt die arbeitende und dienende, männliche und weibliche Bevölkerung **sämmtlicher Berufszweige**, auch im Handel, der Land- und Forstwirthschaft sowie der Hauswirthschaft, in Bureaus, bei Behörden u. a. m.,

nämlich vom vollendeten 16. Lebensjahre ab:

a. alle Personen, welche gegen Lohn oder Gehalt (auch Tantiemen und Naturalbezüge) als Arbeiter, Gehülfen, Gesellen, Lehrlinge oder Dienstboten jeglicher Art beschäftigt werden, also auch u. a. Schreiber, Kassenboten, Nachtwächter, in der Wohnung ihrer Kunden

---

*) Ueber die Versicherungspflicht oder -Berechtigung entscheidet die untere Verwaltungsbehörde.

arbeitende Schneiderinnen, Plätterinnen, Waschfrauen u. dergl. — aber nicht auch z. B. Hauslehrer, Erzieherinnen, Privatsekretäre, Hausdamen u. dergl.

b. Betriebsbeamte, gewerbliche und jeder anderen Art, sowie Handlungsgehülfen (Prokuristen, Buchhalter, Kassirer, Reisende, Kommis, Verkäuferinnen u. dgl.) und Handlungslehrlinge, welche einen jährlichen Lohn oder Gehalt (einschließlich Tantiemen und Naturalbezüge) bis 2000 Mark beziehen, — aber nicht Apotheker-Gehülfen und -Lehrlinge, — sowie

c. die gegen Lohn oder Gehalt beschäftigten Personen der Schiffsbesatzung deutscher Seefahrzeuge (Seeleute) und von Fahrzeugen der Binnenschifffahrt, vgl. Nr. 10 g.

3. Sich selbst zu versichern (in Lohnklasse II.) sind bis zum 40. Lebensjahre berechtigt:

a. solche Betriebsunternehmer, welche regelmäßig keinen Lohnarbeiter beschäftigen, also insbesondere kleine Handwerker, Krämer, Landwirthe, auch selbständige Dienstmänner, Kofferträger, Fremdenführer u. dgl., sowie in eigener Behausung thätige Waschfrauen, Plätterinnen, Schneiderinnen u. dergl. ferner

b. Hausgewerbetreibende, d. h. solche selbständige Gewerbetreibende, welche in eigenen Betriebsstätten allein oder mit Lohnarbeitern im Auftrage und für Rechnung anderer Gewerbetreibenden mit der Herstellung oder Bearbeitung gewerblicher Erzeugnisse beschäftigt werden, und zwar auch dann, wenn sie die Roh- und Hülfsstoffe selbst beschaffen, und auch für die Zeit, während welcher sie vorübergehend für eigene Rechnung arbeiten, sofern sie nicht bereits dauernd erwerbsunfähig (Nr. 28) sind. Siehe Nr. 37, 181.

1*

Wer aus dem Versicherungsverhältniß zu 2 oder 3 ausscheidet, (z. B. bei selbständiger Etablirung) kann die Versicherung durch Entrichtung von Doppelmarken fortsetzen; siehe Nr. 178—180.

4. Ausgeschlossen von der Versicherung sind noch:

a. diejenigen Personen, welche für ihre Thätigkeit nur freien Unterhalt (Nahrung, Wohnung, Kleidung) erhalten;

b. diejenigen, welche bereits eine Invalidenrente beziehen oder doch soweit erwerbsbeschränkt sind, daß sie in Folge ihres körperlichen oder geistigen Zustandes nicht mehr im Stande sind, durch eine ihren Kräften und Fähigkeiten entsprechende Lohnarbeit mindestens ein Drittel des für ihren Beschäftigungsort festgesetzten Tagelohns gewöhnlicher Tagearbeiter (Nr. 13b.) zu verdienen.

Vorübergehende Dienstleistungen gelten nicht als eine die Versicherungspflicht begründende Beschäftigung:

c. wenn sie von festbeschäftigten Berufsarbeitern nur nebenher, gelegentlich oder vorübergehend verrichtet werden,

d. wenn sie von solchen, die berufsmäßige Lohnarbeit überhaupt nicht verrichten, nur gelegentlich, oder zwar in regelmäßiger Wiederkehr, aber nur nebenher und gegen ein geringfügiges Entgelt oder zur Hülfeleistung bei Unglücksfällen u. dgl. verrichtet werden,

e. wenn sie auf Seeschiffen im Auslande von solchen Personen verrichtet werden, die nicht zur Schiffsbesatzung gehören,

f. wenn sie von Aufwärtern oder Aufwärterinnen und ähnlichen zu niederen häuslichen Diensten von kurzer Dauer an wechselnden Arbeitsstellen thätigen Personen verrichtet werden,

g. wenn sie an Verpflegungsstationen u. dgl. verrichtet werden.

5. Von der Versicherungspflicht sind ferner auf ihren Antrag solche Personen zu befreien, welche vom Reich, von einem Bundesstaate oder von einem Kommunalverbande Pensionen oder Wartegelder von mindestens 114,70 Mark jährlich beziehen oder welchen eine mindestens ebenso hohe Unfallrente zusteht.

B. Krankenversicherung.

6. Der Pflicht zur Krankenversicherung *) unterliegen fast alle Arbeiter in der Industrie, dem Handel und Handwerk, sowie kleinere gewerbliche Beamte, nämlich: alle Personen (auch Lehrlinge), welche in dauerndem Arbeitsverhältniß gegen Gehalt oder Lohn beschäftigt werden:

a. in Bergwerken, Salinen, Aufbereitungsanstalten, Brüchen und Gruben, in Fabriken und Hüttenwerken.
b. in den gesammten Betrieben der Post-, Telegraphen- und Eisenbahnverwaltungen, sowie sämmtlichen Betrieben der Marine und Heeresverwaltungen einschl. der von diesen auf eigene Rechnung ausgeführten Bauten;
c. bei dem gewerbsmäßigen Fuhrwerks-, Binnenschifffahrts-, Flößerei-, Prahm-, Schiffszieher (Treidelei-) und Fährbetrieb;
d. auf Werften und bei Bauten aller Art;
e. im Speditions-, Speicher- und Kellereibetrieb;
f. im Gewerbetrieb der Güterpacker, Güterlader, Schaffer, Bracker, Wäger, Messer, Schauer und Stauer;
g. im Handwerk und in sonstigen stehenden Gewerbebetrieben (also auch Fischerei- und Handlungsgeschäften);

---

*) Im Allgemeinen ist der Beschäftigungsort maßgebend, nur bei unständigen land- und forstwirthschaftlichen Arbeitern kann dies auch der Wohnort sein.

h. in Betrieben, in denen Dampfkessel oder durch elementare Kraft (Wind, Wasser, Dampf, Gas, heiße Luft 2c.) bewegte Triebwerke zur Verwendung kommen, sofern diese Verwendung nicht ausschließlich in vorübergehender Benutzung einer nicht zur Betriebsanlage gehörenden Kraftmaschine besteht;

dasselbe gilt für Betriebsbeamte mit einem Arbeitsverdienst an Lohn oder Gehalt bis $6\frac{2}{3}$ Mark für den Arbeitstag (einschl. Tantiemen und nach Ortsdurchschnittspreisen anzusetzenden Naturalbezügen).

7. Auch auf solche Personen in den vorbezeichneten Betrieben, deren Beschäftigung ihrer Natur nach eine vorübergehende oder durch den Arbeitsvertrag im Voraus auf einen Zeitraum von weniger als einer Woche beschränkt ist, ferner auf Handlungs-Gehülfen und -Lehrlinge, Gehülfen und Lehrlinge in Apotheken, auf Personen, welche von Gewerbtreibenden außerhalb ihrer Betriebsstätten beschäftigt werden, auf selbständige Gewerbetreibende, welche in eigenen Betriebsstätten im Auftrage und für Rechnung anderer Gerwerbtreibender mit Herstellung oder Bearbeitung gewerblicher Erzeugnisse beschäftigt werden (Hausindustrie), sowie auf die in der Land- und Forstwirthschaft, einschließlich Kunst- und Handelsgärtnerei (selbst zeitweise ohne Lohn) beschäftigten Arbeiter*) (aber nicht Gesinde) kann von Gemeinden (auch selbständigen Gutsbezirken und Gemarkungen) und weiteren Kommunalverbänden die Versicherungspflicht erstreckt werden.

8. Von der Versicherungspflicht werden dagegen auf ihren Antrag befreit Personen, welche im Krankheitsfall mindestens für 13 Wochen auf Verpflegung in der

*) Diese darf auch die Landesgesetzgebung in die Versicherung einschließen, was jedoch nicht in Preußen, Bayern, Württemberg, wohl aber z. B. im Königreich Sachsen erfolgt ist.

Familie des Arbeitgebers oder auf Fortzahlung des Gehaltes oder des Lohnes Anspruch haben.

Ebenso können davon in land- und forstwirthschaftlichen Betrieben beschäftigte Personen auf Antrag leistungsfähiger Arbeitgeber für die Dauer des Arbeitsvertrages befreit werden, wenn sie denselben gegenüber einen Rechtsanspruch auf eine entsprechende Unterstützung haben. Gegen die betreffende Entscheidung ist Beschwerde binnen 2 Wochen an die Aufsichtsbehörde zulässig.

Unter gleichen Bedingungen sind überhaupt alle Personen des Soldatenstandes und die in Reichs- oder Staatsbetrieben beschäftigten Personen von der Krankenversicherung ausgeschlossen.

9. Der Gemeinde-Krankenversicherung können alle nicht versicherungspflichtige und nicht bei anderen Kassen versicherte Personen, auch Dienstboten, durch schriftliche oder mündliche Erkärung beim Gemeindevorstand beitreten; desgleichen ferner den Orts-, Betriebs- oder Bau-Krankenkassen zu den betreffenden Betrieben gehörige, nicht versicherungspflichtige Personen durch Anmeldung beim Kassenvorstand oder der Meldestelle. Sie scheiden aber von selber wieder aus, wenn sie an zwei aufeinander folgenden Terminen keine Versicherungsbeiträge zahlen.

C. Unfallversicherung.

10. Die Unfallversicherung umfaßt bis jetzt noch einen etwas engeren Kreis von Personen*), nämlich

alle Arbeiter (auch Gesinde) und die Betriebsbeamten (aber nicht Comptoiristen) mit einem Jahresarbeitsverdienst (Nr. 23) bis 2000 Mark, welche beschäftigt sind (gleichviel wie lange, auch nur vorübergehend und auch ohne Lohn:

*) 1889 waren etwa 10½ Millionen versichert.

a. in Bergwerken, Salinen, Aufbereitungsanstalten, Steinbrüchen, Bernstein-, Torf-, Kies- und anderen Gräbereien (Gruben), auf Werften und Bauhöfen, sowie in Fabriken, Hüttenwerken und solchen (auch nicht gewerbsmäßigen) Betrieben*), in welchen Dampfkessel oder durch elementare Kraft (Wind, Wasser, Dampf, Gas, heiße Luft ꝛc.) bewegte Triebwerke zur Verwendung kommen, mit Ausnahme derjenigen Betriebe, für welche nur vorübergehend eine nicht zur Betriebsanlage gehörende Kraftmaschine benutzt wird**);

b. von Gewerbetreibenden in deren auf die Ausführung von Maurer- (auch Fundamentirungs und Hausabbruchs-), Zimmer-, Dachdecker-, Steinhauer- und Brunnenarbeiten sich erstreckenden Gewerbebetriebe;
desgleichen bei Bauten: in den auf die Ausführung von Tüncher-, Verputzer- (Weißbinder-), Gypser-, Stuckateur-, Maler- (Anstreicher-), Glaser-, Klempner-, Lackir-, Schreiner- (Tischler-), Einsetzer-, Schlosser- oder Anschlägerarbeiten, auf die Anbringung, Abnahme, Verlegung und Reparatur von Blitzableitern, das Bohnen der Fußböden, die An-

---

*) Im Uebrigen gelten hier als Fabriken insbesondere diejenigen Betriebe, in welchen die Bearbeitung oder Verarbeitung von Gegenständen gewerbsmäßig ausgeführt wird, und in welchen zu diesem Zwecke mindestens 10 Arbeiter regelmäßig beschäftigt werden, sowie Betriebe, in welchen Explosivstoffe oder explodirende Gegenstände gewerbsmäßig erzeugt werden.

**) Das Reichsversicherungsamt jetzt fest, welche Betriebe außerdem als Fabriken anzusehen sind. Dies ist danach z. B. der Fall bei Bleiweiß- und Mineralwasserfabriken, Gasanstalten, Bürsten und Pinselfabriken, Zinkschmelzereien, Dachpappen-, Damenmäntel-, Handschuh-, größeren Strohhut-, Putzfedern-, Taback- und Cigarrenfabriken, Kalköfen, Kalkbrennereien, Metallgießereien, Gas- und Wasserleitungs-Installationsgeschäften, Strumpfwirkereien mit Strickmaschinen, größeren Destillationen, Buchdruckereien, Piano- und Butterfabriken u. a. m.

bringung, Abnahme oder Reparatur von Oefen und anderen Feuerungsanlagen, von Tapeten, Wettervorhängen und =Läden (Rouleaux, Marquisen, Jalousien) oder von Ventilatoren, sowie auf die Ausführung anderer, ihrer Natur nach der Ausführung von Hochbauten näher stehenden Arbeiten bei Bauten sich erstreckenden Gewerbebetriebe;

sowie im Schornsteinfegergewerbe;

c. in solchen gewerblichen Anlagen (z. B. Werkstätten, Krahnanlagen), Eisenbahn= und Schiffahrtsbetrieben, welche wesentliche Bestandtheile eines der vorbezeichneten Betriebe sind;

d. im gesammten Betrieb der Post=, Telegraphen= und Eisenbahnverwaltungen (auch Pferde und Arbeitsbahnen u. a.), sowie sämmtlichen Betrieben der Marine= und Heeresverwaltungen, und zwar einschließlich der Bauten, welche von diesen Verwaltungen für eigene Rechnung ausgeführt werden; im Baggereibetrieb; im gewerbsmäßigen Fuhrwerks=, Binnenschiffahrts=, Flößerei=, Prahm= und Fährbetrieb, sowie dem Gewerbebetrieb des Schiffsziehens (Treidelei); im gewerbsmäßigen Speditions=, Speicher= und Kellereibetrieb; im Gewerbetrieb der Güterpacker, Güterlader, Schaffer, Bracker, Wäger, Messer, Schauer und Stauer;

e.*) in land= und forstwirtschaftlichen Betrieben — auch Kunst= und Handelsgärtnereien, aber nicht ausschließlich Bewirthschaftung von Haus= und Ziergärten — einschließlich ihrer nicht schon unter a. aufgeführten Nebenbetriebe, auch der laufenden Reparaturen an den zu solchen Betrieben dienenden Gebäuden und der zum Wirthschaftsbetriebe gehörenden Bodenkultur= und sonstigen Bauarbeiten, insbesondere

*) Ueber die Versicherungspflicht zu e. und g. entscheidet im Zweifelfalle das Reichsversicherungsamt.

Herstellung oder Unterhaltung von Wegen, Dämmen, Kanälen und Wasserläufen, sofern die Betriebs-Unternehmer solche selbst ausführen lassen;

f. bei allen sonstigen, noch nicht erwähnten Bauausführungen (auch den nicht gewerbsmäßigen);

g.*) endlich die vorstehend noch nicht getroffenen Personen mit einem Jahresverdienst (Nr. 23) bis 2000 Mark, welche auf deutschen Seefahrzeugen (d. h. ausschließlich oder vorzugsweise zur Seefahrt — auch auf Buchten, Haffen und Watten in See — benutzten Fahrzeugen deutscher Flagge) als Schiffer, Personen der Schiffsmannschaft, Maschinisten, Aufwärter oder in anderer Eigenschaft zur Schiffsbesatzung gehören (d. h. Seeleute — ausgenommen solche auf Fischerfahrzeugen und kleineren Seefahrzeugen ohne Maschinenkraft), Schiffer jedoch nur, sofern sie Lohn oder Gehalt beziehen; ferner in inländischen Betrieben schwimmender Docks und ähnlichen Einrichtungen, sowie in inländischen Betrieben für die Ausübung des Lootsendienstes, für die Rettung oder Bergung von Personen oder Sachen bei Schiffbrüchen, für die Bewachung, Beleuchtung oder Instandhaltung der dem Seeverkehr dienenden Gewässer beschäftigt sind — für die Zeit vom Beginn bis zur Beendigung des Dienstverhältnisses, einschließlich der Beförderung vom Lande zum Fahrzeuge und umgekehrt.

11. Bei den Betrieben zu 10e, f, g steht den Unternehmern**) frei, auch sonstige bei ihnen beschäftigte Personen zu versichern, ebenso sich selbst, sofern der Jahresarbeitsverdienst nicht mehr als 2000 Mark beträgt.

Im Uebrigen kann durch Statut 2c. überall die

**) einschließlich Rheder und selbständige Lootsen.

Versicherungspflicht auf Betriebsbeamte mit mehr als 2000 Mark Jahresverdienst, ferner auf landwirthschaftliche Unternehmer nebst Familienangehörigen mit einem Jahresverdienst bis 2000 Mark, sowie auf Baugewerbetreibende ohne regelmäßige Lohnarbeiter erstreckt werden.

Endlich kann durch Statut ꝛc. Unternehmern die Berechtigung ertheilt werden, sich selbst (auch bei Jahresverdienst über 2000 Mark), sowie andere nicht versicherungspflichtige Personen zu versichern.

II. Ansprüche der Versicherten.

12. Die Ansprüche sind gegen Angriffe jeder Art sichergestellt. Sie dürfen weder durch Vertrag noch sonstwie vom Arbeitgeber geschmälert werden. Sie können mit rechtlicher Wirkung weder verpfändet noch auf Dritte übertragen werden. Auch unterliegen sie der Pfändung im Allgemeinen nur für Alimente der Ehefrauen und Kinder, sowie für Forderungen von Armenverbänden u. dgl.

A. Krankenversicherung.

13. Die Krankenversicherung soll für jeden Fall einer Krankheit (auch der durch Unfall entstandenen) oder dadurch herbeigeführter Erwerbsunfähigkeit eine auskömmliche Unterstützung leisten.*)

Die Mindestleistungen sind folgende:

Gemeinde-Krankenversicherung.

Seitens der Gemeinde-Krankenversicherung ist auf höchstens 13 Wochen als Krankenunterstützung zu gewähren:

a. vom Beginn der Krankheit ab freie ärztliche Be-

*) Ueber die Befugnisse der Versicherungsanstalten für Invaliditäts- und Altersversicherung vgl. Nr. 29.

handlung, Arznei, sowie Brillen, Bruchbänder und ähnliche Heilmittel*); außerdem

b. im Falle der Erwerbsunfähigkeit vom dritten Tage nach dem Tage der Erkrankung ab für jeden Arbeitstag ein wöchentlich postnumerando zahlbares Krankengeld**) in Höhe der Hälfte des behördlicherseits festgesetzten ortsüblichen Tagelohns gewöhnlicher Tagearbeiter.

An Stelle dieser Leistungen kann freie Kur und Verpflegung in einem Krankenhause gewährt werden; für diejenigen aber, welche verheirathet oder Glieder einer Familie sind, nur mit ihrer Zustimmung, es sei denn, daß die Art der Krankheit Anforderungen an die Behandlung oder Verpflegung stellt, welchen in der Familie des Erkrankten nicht genügt werden kann. Hat der in einem Krankenhause Untergebrachte Angehörige, deren Unterhalt er bisher bestritten hat, so ist neben der freien Kur und Verpflegung noch die Hälfte des Krankengeldes zu leisten.

Das Krankengeld kann übrigens ganz oder theilweise fortfallen, wenn die Krankheit vorsätzlich oder durch schuldhafte Betheiligung bei Schlägereien oder Raufhändeln, durch Trunkfälligkeit oder geschlechtliche Ausschweifungen zugezogen ist.

Für Personen, welche freiwillig der Versicherung beitreten, kann eine Wartezeit festgesetzt werden.

---

* Die Leistungen zu a. hat die Gemeinde des Beschäftigungbezw. Wohnortes auch nichtversicherten, durch Unfälle verletzten land- und forstwirthschaftlichen Arbeitern sowie Bauarbeitern (Nr. 61), vorbehaltlich des Ersatzanspruches an die event. Verpflichteten zu gewähren.

**) Das Krankengeld kann für solche land- und forstwirthschaftliche Arbeiter fortfallen, welche demselben gleichwerthige Naturalleistungen oder entsprechenden Lohn laut Arbeitsvertrag beziehen.

Bei Unfällen erhöht sich das Krankengeld gemäß Nr. 19.

Krankenkassen.

14. Die übrigen (sogen. organisirten) Krankenkassen sollen mindestens gewähren:

a. eine Krankenunterstützung, wie die Gemeinde-Krankenversicherung (Nr. 13); das Krankengeld aber in Höhe der Hälfte des 3 Mark nicht überschreitenden durchschnittlichen Tagelohns der Kassenmitglieder (bei Betriebs- und Baukassen je nach Statut auch des wirklichen Tagelohns bis 4 Mark);

b. eine gleiche Unterstützung an Wöchnerinnen auf die Dauer von 3 Wochen nach ihrer Niederkunft (bei den land- und forstwirthschaftlichen Betrieben aber nicht der außerehelich Geschwängerten);

c. für den Todesfall eines Mitgliedes ein Sterbegeld im 20fachen Betrage des ortsüblichen Tagelohnes.

Eine Erweiterung oder Erhöhung dieser Leistungen in Bezug auf den Betrag, die Bezugsdauer und Erstreckung auf Familienangehörige ist durch Statut zulässig. Für die statuarischen Mehrleistungen kann aber eine Wartezeit bestimmt werden.

Unberührt bleiben die gesetzliche Unterstützungspflicht von Gemeinden oder Armenverbänden und die gesetzlichen Entschädigungsansprüche gegen Dritte. Solche Ansprüche gehen auf die Krankenkasse in Höhe der von ihr geleisteten Unterstützung über. Streitigkeiten darüber werden im Verwaltungsstreitverfahren entschieden.

B. Unfallversicherung.

15. Die Unfallversicherung soll dem Verletzten oder seinen Hinterbliebenen Ersatz des zufolge eines Be-

triebsunfalls*) durch Körperverletzung oder Tödtung entstandenen Schadens ohne Rücksicht darauf bringen, ob der Unfall durch Zufall oder irgend ein Verschulden des Verletzten oder eines Anderen herbeigeführt ist; nur bei vorsätzlicher Herbeiführung des Unfalls durch den Verletzten fällt jeder Anspruch hinweg.

Schadensersatz bei Verletzungen.

16. Im Falle der Verletzung soll der Schadensersatz bestehen

a. in den binnen 8 Tagen nach der Feststellung zahlbaren Kosten des Heilverfahrens vom Beginn der 14. Woche nach Eintritt des Unfalls,

b. in einer dem Verletzten von demselben Zeitpunkt an für die Dauer der Erwerbsunfähigkeit zu gewährenden Rente (in land- und forstwirthschaftlichen Betrieben auch in Form von Naturalleistungen).

17. Die Rente wird nach dem Arbeitsverdienst (Nr. 23) berechnet, den der Verletzte während des letzten Jahres seiner Beschäftigung in dem Betriebe, in welchem der Unfall sich ereignete, an Gehalt oder Lohn durchschnittlich für den Arbeitstag bezogen hat (oder hätte), wobei der 4 Mark übersteigende Betrag nur mit $^1/_3$ zur Anrechnung kommt — wenigstens aber immer nach dem behördlicherseits festgesetzten ortsüblichen Tagelohn

---

*) Bei Seeleuten auch in Folge von Naturereignissen während des Betriebes.

Als Betriebsunfall ist jeder Unfall anzusehen, welcher bei Gelegenheit oder aus Anlaß des Betriebes, d. h. bei der Vorbereitung, der Durchführung oder dem Abschluß desselben — selbst bei sogen. Außenarbeiten — eintritt, also im ursächlichen, wenn auch nur mittelbaren Zusammenhange mit dem Betriebe steht, — ohne daß es gerade nöthig wäre, daß der Unfall mit den spezifisch gefahrbringenden Anstalten der betreffenden Betriebsanlage (z. B. mit Maschinen) in Verbindung stand.

(Nr. 13b). Bei land- und forstwirthschaftlichen Arbeitern †) wird die Rente stets nach dem behördlicherseits festgesetzten durchschnittlichen Jahreslohn berechnet; die für jugendliche Arbeiter ist vom vollendeten 16. Lebensjahre entsprechend zu erhöhen.

Die Rente beträgt: im Falle völliger Erwerbsunfähigkeit für die Dauer derselben $^2/_3$ des Arbeitsverdienstes*); im Falle theilweiser Erwerbsunfähigkeit für die Dauer derselben einen nach dem Maße der verbliebenen Erwerbsfähigkeit bemessenen Bruchtheil dieser Rente.

Ein invalider Arbeiter erhält also, wenn er z. B. während des letzten Jahres

a. 310 Tage gearbeitet und dabei im Ganzen 930 Mark verdient hat (nach Nr. 23) $\frac{930}{310} \times 300 \times {^2/_3}$ = 600 Mark Rente,

b. 270 Tage gearbeitet und dabei im Ganzen 1323 Mark, also täglich 4,90 Mark verdient hat, 4,60 Mark (den überschießenden Betrag über 4 Mark nämlich nur zu $^2/_3$ angerechnet) $\times 300 \times {^2/_3}$ = 920 Mark.

18. Für die ersten 13 Wochen gewährt die Krankenkasse oder, wenn der Verletzte nicht gegen Krankheit versichert war, der Betriebsunternehmer bzw. Rheder**) aus eigenen Mitteln die unter Nr. 13 a,b. bezeichneten Krankenunterstützungen; land- und forstwirthschaftlichen Arbeitern und Bauarbeitern hat in letzterem Falle die Gemeinde

†) Desgleichen bei solchen Unternehmern und ihren Ehefrauen je nach dem Statut.

*) Bei Seeleuten wird der 1200 Mark übersteigende Betrag nur mit $^1/_3$ berechnet.

**) Nach der Seemannsordnung hat der Rheder bei Erkrankungen der Schiffsleute bis zum Ablauf von 3 Monaten seit der Erkrankung oder seit der Rückkehr des Schiffes und, falls der Erkrankte im Auslande bleiben mußte, sogar bis zum Ablauf von 6 Monaten seit der Rückkehr bezw. Weiterreise des

des Beschäftigungs- bezw. Wohnorts die Kosten des Heilverfahrens unter Vorbehalt des Ersatzanspruchs zu gewähren. Auch über die 13. Woche hinaus kann die Fürsorge für den Verletzten seiner Krankenkasse bezw. dem fürsorgepflichtigen Unternehmer durch die Berufsgenossenschaft bis zur Beendigung des Heilverfahrens gegen Kostenerstattung übertragen werden.

19. Vom Beginn der 5. Woche nach Eintritt des Unfalls bis zum Ablauf der 13. Woche ist aber das Krankengeld (Nr. 13b.) auf mindestens $^2/_3$ (bei Unterbringung in ein Krankenhaus, Nr. 13 Abs. 3, auf mindestens $^1/_3$) des zu Grunde gelegten Arbeitslohnes zu bemessen.*) Die Differenz zwischen diesen Beträgen und dem gesetzlich oder statutengemäß zu gewährenden niedrigeren Krankengelde ist der betheiligten Krankenkasse bzw. Gemeinde-Krankenversicherung von dem Unternehmer zu erstatten.

20. Streitigkeiten wegen der Zuschuß- bezw. Fürsorgepflicht der Unternehmer (Nr. 18, 19) werden von der Aufsichtsbehörde vorbehaltlich des Rechtswegs (bei Seeleuten vom Seemannsamt mit Berufung binnen 4 Wochen an das Reichs-Versicherungsamt), die zwischen Berufsgenossenschaften und Krankenkassen ebenso event. im Verwaltungsstreitverfahren entschieden. Wegen sonstiger Streitigkeiten siehe Nr. 110, 111.

21. An Stelle der Leistungen Nr. 16, 17 kann übrigens nach Wahl der Berufsgenossenschaft bis zum

---

Schiffes, die Kosten der Verpflegung und Heilung zu tragen, außerdem dem Erkrankten bis zur Beendigung der Rückreise bezw. bis zum Verlassen des Schiffes die Heuer zu zahlen und für freie Zurückbeförderung des Erkrankten nach dem Ausgangshafen zu sorgen, event. entsprechende Vergütung. Aehnliche Verpflichtungen hat der Rheder gegenüber dem Schiffer.

*) Dies findet aber nicht statt bei Unfällen land- und forstwirthschaftlicher Arbeiter sowie von Arbeitern bei den in Nr. 61 bezeichneten Bauarbeiten.

beendigten Heilverfahren freie Kur und Verpflegung in einem Krankenhause (für Seeleute auch an Bord eines Fahrzeugs) gewährt werden; für Verunglückte, welche verheirathet sind oder bei einem Mitgliede ihrer Familie wohnen, aber nur mit ihrer Zustimmung, es sei denn, daß die Art der Verletzung Anforderungen an die Behandlung oder Verpflegung stellt, denen in der Familie nicht genügt werden kann.

Für die Zeit der Verpflegung des Verunglückten in dem Krankenhause rc. steht seinen Angehörigen die Rente (Nr. 22b.) insoweit zu, als sie darauf im Falle des Todes des Verletzten einen Anspruch haben würden.

Schadensersatz bei Tödtungen.

22. Im Falle der Tödtung ist als Schadensersatz außerdem zu leisten:

a. als Ersatz der Beerdigungskosten das 20fache des Tagesverdienstes (Nr. 17)*), jedoch mindestens 30 Mark, zahlbar 8 Tage nach der Feststellung;

b. eine den Hinterbliebenen des Getödteten**) vom Todestage an monatlich postnumerando zu gewährende, nach Nr. 17 zu berechnende Rente — bei land- und forstwirthschaftlichen Betrieben auch in Form von Naturalleistungen.

Diese Rente beträgt:

Für die Wittwe des Getödteten bis zu deren Tode oder Wiederverheirathung $1/5$, für jedes hinterbliebene

*) Bezüglich der unter Nr. 10g. Bezeichneten (sofern auch der Rheder die Bestattungskosten trägt) für Seeleute $2/3$ des monatlichen, sonst $1/15$ des jährlichen Durchschnittsverdienstes (Nr. 23); ebenso bei land- und forstwirthschaftlichen Arbeitern $1/15$ des Jahresverdienstes, aber mindestens 30 Mark.

**) Bei Seeleuten auch dann, wenn das betreffende Fahrzeug untergegangen oder verschollen und seitdem ein Jahr verflossen ist.

vaterlose Kind bis zum 15. Lebensjahre $^{15}/_{100}$ und, wenn es auch mutterlos ist oder wird, gleichfalls $^{1}/_{5}$ des Arbeitsverdienstes. Die Renten der Wittwen und Kinder dürfen zusammen $^{3}/_{5}$ des Arbeitsverdienstes nicht übersteigen; anderenfalls werden die einzelnen in gleichem Verhältnisse gekürzt. Im Falle der Wiederverheirathung erhält die Wittwe den 3fachen Betrag ihrer Jahresrente als Abfindung. Der Anspruch der Wittwe ist ausgeschlossen, wenn die Ehe erst nach dem Unfalle geschlossen worden ist;

für Ascendenten des Verstorbenen, wenn dieser ihr einziger Ernährer war, bis zu ihrem Tode oder Wegfall der Bedürftigkeit $^{1}/_{5}$ des Arbeitsverdienstes. Sind mehrere Berechtigte vorhanden, so wird die Rente den Eltern vor den Großeltern gewährt, soweit nicht schon durch die Wittwen und Kinder der Höchstbetrag der Rente in Anspruch genommen ist.

Die Hinterbliebenen eines Ausländers haben einen Anspruch auf Rente nur, wenn sie zur Zeit des Unfalls im Inlande wohnten.

Das Reichsgebiet dauernd verlassende Ausländer können überhaupt durch Kapitalzahlung für ihre Ansprüche abgefunden werden.

23. Als Jahresarbeitsverdienst gilt, soweit sich derselbe nicht aus mindestens wochenweise fixirten Beträgen zusammensetzt, in der Regel das 300 fache des durchschnittlichen täglichen Arbeitsverdienstes, bei jugendlichen Arbeitern und Lehrlingen des behördlicherseits festgesetzten ortsüblichen Tagelohns (Nr. 13 b.); bei Seeleuten das 9 fache des vom Reichskanzler festgesetzten Heuer-Durchschnittsbetrages nebst $^{2}/_{5}$ dieses Satzes für Vollmatrosen für Beköstigung, sowie die regelmäßigen Nebeneinnahmen.

24. Einen höheren Entschädigungsbetrag können der Verunglückte oder seine Hinterbliebenen nur

dann von dem Betriebsunternehmer bezw. dessen Betriebsbeamten beanspruchen, wenn diese den Unfall vorsätzlich herbeigeführt haben.*) Den nicht gegen Krankheit versicherten bleiben jedenfalls die Schadenersatzansprüche für die ersten 13 Wochen nach den Landesgesetzen vorbehalten.

Veränderung der Verhältnisse.

24a. Tritt in den Verhältnissen, welche für die Feststellung der Entschädigung maßgebend gewesen sind, eine wesentliche Veränderung ein, so kann eine anderweitige Feststellung derselben auf Antrag oder von Amtswegen erfolgen. Ist der Verletzte, für welchen eine Entschädigung festgestellt war, in Folge der Verletzung gestorben, so muß der Antrag auf Gewährung einer Entschädigung für die Hinterbliebenen, bei Vermeidung des Ausschlusses, vor Ablauf von 2 Jahren nach dem Tode des Verletzten bei dem zuständigen Vorstande angemeldet werden. Eine Erhöhung der Rente kann nur für die Zeit nach Anmeldung des höheren Anspruchs gefordert werden.

Verhältniß zu Krankenkassen, Armenverbänden etc.

24b. Die Unterstützungspflicht sonstiger Verbände und Kassen bleibt unberührt. Soweit sie Unterstützungen in Fällen gewährt haben, in welchen dem Unterstützten nach obigen Normen ein Entschädigungsanspruch zusteht, geht dieser bis zum geleisteten Betrage auf jene über.

Das Gleiche gilt von den Betriebsunternehmern und Kassen, welche die den betreffenden Gemeinden und Armenverbänden obliegende Verpflichtung zur Unterstützung auf Grund gesetzlicher Vorschrift erfüllt haben.

---

*) Für diesen Fall ist das sonst für die Versicherten meist unanwendbare Haftpflichtgesetz vom 7. Juni 1871, welches sich auf Unfälle bei dem Betriebe einer Eisenbahn, eines Bergwerks, eines Steinbruchs, einer Gräberei (Grube) oder einer Fabrik bezieht, in Geltung geblieben.

Streitigkeiten werden im Rechtswege zum Austrag gebracht.

Ueber das Verhältniß zu den Versicherungsanstalten für die Invaliden- und Altersversicherung vgl. Nr. 155.

C. Invaliditäts- und Alters-Versicherung.

25. Die Versicherung gewährt den Anspruch auf eine monatlich im Voraus zahlbare Rente im Falle eintretender dauernder Erwerbsunfähigkeit, der Invalidität, oder bei hohem Alter als Zuschuß zu dem dann noch zu gewinnenden Arbeitsverdienst.

26. Altersrente im Betrage von 106,40 bis 191 Mk. erhält, ohne daß Erwerbsunfähigkeit vorzuliegen braucht, jeder Versicherte, sobald er das 70. Lebensjahr vollendet hat, vorausgesetzt, daß er nicht etwa schon Invalidenrente bezieht.

27. Invalidenrente im Betrage von etwa 111 bis über 400 Mark erhält, ohne Rücksicht auf das Lebensalter, jeder Versicherte, wenn er dauernd erwerbsunfähig ist; bei durch Unfall herbeigeführter Erwerbsunfähigkeit aber nur soweit, als nicht eine meist höhere Unfallrente nach Nr. 17. zu leisten ist; vgl. hierzu Nr. 155 u. 36. Ein Anspruch steht aber denen nicht zu, welche sich die Erwerbsunfähigkeit vorsätzlich oder bei Begehung eines Verbrechens zugezogen haben.

28. Erwerbsunfähigkeit wird hier immer dann angenommen, wenn der Versicherte nicht mehr im Stande ist, durch eine seinen Kräften und Fähigkeiten entsprechende Lohnarbeit mindestens einen Betrag zu verdienen, welcher gleichkommt der Summe von $^{1}/_{6}$ des Durchschnitts der

Lohnsätze*), nach welchen für ihn während der letzten 5 Beitragsjahre (Nr. 33) Beiträge entrichtet worden sind, und $^{1}/_{6}$ des 300 fachen Betrags des nach Nr. 13 b. festgesetzten ortsüblichen Tagelohns des letzten Beschäftigungsortes oder kurz ausgedrückt, wenn er nicht mehr etwa den dritten Theil seines bisherigen Lohnes verdienen kann.

Sind z. B. Beiträge entrichtet worden nach dem

Lohnsatz von 960 M.	auf	150 Wochen	=	144 000 M.
„ 720 „	„	70 „	=	50 400 „
„ 500 „	„	15 „	=	7 500 „
	zusammen auf	235 Wochen		201 900 M.

also durchschnittlich nach 859,15 M. und ist der ortsübliche Tagelohn auf 2 Mark festgesetzt, so beginnt die Erwerbsunfähigkeit wenn der Jahresverdienst weniger beträgt als

	$^{1}/_{6}$ von 859,15	143,19
+	$^{1}/_{6}$ von 300×2	100,—
	also	243,19 Mark.

Aber auch wer nur ein Jahr lang ununterbrochen erwerbsunfähig gewesen ist, erhält Invalidenrente, allerdings dann auch blos für die weitere Dauer seiner Erwerbsunfähigkeit.

29. Für einen erkrankten, der Krankenfürsorge nicht unterliegenden Versicherten kann die Versicherungsanstalt das Heilverfahren in dem unter Nr. 13 bezeichneten Umfange übernehmen, sofern als Folge der Krankheit Erwerbsunfähigkeit zu besorgen ist, welche einen Anspruch auf Invalidenrente begründet. Die Versicherungsanstalt

*) Als Lohnsatz gilt

für die Lohnklasse	I. (Nr. 37)	der Satz von	300 Mark
„ „ „	II.	„ „ „	500 „
„ „ „	III.	„ „ „	720 „
„ „ „	IV.	„ „ „	960 „

Hierbei zu beachten Nr. 44 Abs. 3.

kann ferner verlangen, daß die Krankenkasse (einschließlich Gemeinde-Krankenversicherung), welcher der Versicherte angehört oder zuletzt angehört hat, gegen Kostenerstattung die Fürsorge für denselben in dem von der Anstalt gewünschten Umfange übernimmt. Streitigkeiten wegen Geltendmachung dieser Befugnisse werden von der Aufsichtsbehörde der Krankenkassen endgültig, wegen Ersatzansprüche aber im Verwaltungsstreitverfahren (in Preußen durch den Bezirksausschuß) event. durch die ordentlichen Gerichte entschieden.

Wird in Folge der Krankheit der Versicherte erwerbsunfähig, so verliert er, falls er sich vorstehenden Maßnahmen entzog, den Anspruch auf Invalidenrente, sofern anzunehmen ist, daß die Erwerbsunfähigkeit durch dieses Verhalten veranlaßt ist.

30. Wo der Lohn der in land- oder forstwirthschaftlichen Betrieben beschäftigten Arbeiter ganz oder zum Theil gewöhnlich in Form von Naturalleistungen gewährt wird, kann den Rentenempfängern, welche dort als Arbeiter in solchen Betrieben ihren Lohn oder Gehalt ganz oder zum Theil in Form von Naturalleistungen bezogen haben, auch die Rente bis zu $^2/_3$ in dieser Form gewährt werden, wenn die Gemeinde oder der weitere Kommunalverband dies statutarisch bestimmt hat. Der Werth der Naturalleistungen wird nach behördlich festzusetzenden Durchschnittspreisen in Ansatz gebracht. Gewohnheitsmäßigen Trinkern kann die Rente ihrem vollen Betrage nach in Naturalleistungen gewährt werden.

Der Anspruch auf die Rente geht zu dem entsprechenden Betrage auf den betreffenden Kommunalverband gegen Leistung der Naturalien über. Der Bezugsberechtigte ist befugt, binnen 2 Wochen nach der Zustellung der Mittheilung die Entscheidung der Kommunalaufsichtsbehörde anzurufen. Auf demselben Wege werden alle übrigen Streitigkeiten entschieden, welche hieraus zwischen dem Bezugsberechtigten und dem Kommunalverbande entstehen.

31. Ausländer können, falls sie den Wohnsitz im Deutschen Reiche aufgeben, mit dem dreifachen Betrage der Jahresrente abgefunden werden.

Voraussetzungen des Anspruchs.

32. Zur Erlangung eines Anspruchs auf Invaliden- oder Altersrente ist aber zunächst die Leistung von Beiträgen während eines gewissen Zeitraums, der Wartezeit, nnd sodann eine weitere fortgesetzte Beitragsentrichtung erforderlich.

Wartezeit und Beitragsjahr.

33. Die Wartezeit beträgt bei der Invalidenrente 5, bei der Altersrente 30 Beitragjahre. Als Beitragsjahr gelten hier stets ohne Rücksicht auf das Kalenderjahr 47 Beitragswochen, so daß die Wartezeit 235 bezw. 1410 Beitragswochen umfaßt. Ganz wie Beitragswochen erhält derjenige, welcher in ein dauerndes Arbeits- oder Dienstverhältniß eingetreten, wegen Krankheit*) für die Dauer von 7 Tagen oder länger hintereinander aber verhindert war, dasselbe fortzusetzen, oder wer zur Erfüllung der Wehrpflicht in Friedens-, Mobilmachungs- oder Kriegszeiten zum Heere oder zur Marine eingezogen worden ist, oder in Mobilmachungs- oder Kriegszeiten freiwillige militärische Dienstleistungen verrichtet hat, auch diese Zeiten als Beitragszeiten angerechnet, die Dauer einer Krankheit aber nur dann, wenn der Betreffende sich dieselbe nicht vorsätzlich oder bei Begehung eines Verbrechens, durch schuldhafte Betheiligung bei Schlägereien oder Raufhändeln, durch Trunkfälligkeit oder durch geschlechtliche Ausschweifungen zugezogen hat. Die über ein Jahr hinaus,

*) Schwangerschaft und Entbindung gelten gewöhnlich nicht als Krankheit.

reichende Dauer einer Krankheit wird aber in keinem Falle mehr als Beitragszeit angerechnet. Zum Nachweise genügt für die Dauer der Krankenunterstützung die Bescheinigung des Vorstandes der betreffenden Krankenkasse, sonst die der Gemeinde- bezw. vorgesetzten Dienstbehörde.

Für die nächste Zeit sind übrigens bezüglich der Wartezeit lediglich die in Nr. 44, 45 dargestellten Uebergangsregeln maßgebend.

Erlöschen der Anwartschaft.

34. Die aus einem Versicherungsverhältnisse sich ergebende Anwartschaft, also jeder aus der Beitragsleistung erwachsene Anspruch erlischt aber, wenn während 4 aufeinanderfolgender Kalenderjahre gar keine oder nur Beiträge für weniger als insgesammt 47 Beitragswochen entrichtet worden sind. Scheidet z. B. Jemand im Dezember 1892 aus seiner versicherungpflichtigen Lebensstellung aus, nachdem 1892 für 40 Wochen Beiträge entrichtet sind, so hört seine Anwartschaft auf Rente 2c. am Schlusse des Jahres 1895, waren aber 1892 schon 47 Beiträge entrichtet, erst Ende 1896 auf. Wie sich die 47 Wochenbeiträge auf die 4 Jahre vertheilen, ist dabei gleichgültig; es genügt somit z. B., wenn jährlich nur 12 entrichtet werden. Die Anwartschaft lebt indessen jederzeit wieder auf, sobald durch Wiedereintreten in eine das Versicherungsverhältniß begründende Beschäftigung oder durch freiwillige Beitragsleistung (Nr. 178) das Versicherungsverhältniß erneuert und danach wiederum eine Wartezeit von 5 vollen Beitragsjahren (also 235 Beitragswochen) zurückgelegt ist; dann werden auch die früher schon entrichteten Beiträge bei der Berechnung der Renten wieder mit berücksichtigt.

Entziehung und Wegfall der Rente.

35. Tritt in den Verhältnissen des Empfängers einer

Invalidenrente eine Veränderung ein, welche ihn nicht mehr als dauernd erwerbsunfähig erscheinen läßt, so kann demselben die Rente entzogen werden. Wird sie später von Neuem bewilligt, so ist die Zeit des früheren Rentenbezuges dem Versicherten ebenso wie eine bescheinigte Krankheitszeit (Nr. 43) anzurechnen.

36. Der erworbene Anspruch auf Rente ruht:

1. für diejenigen, welche auch eine vorher oder nachher angefallene Unfallrente (Nr. 17, 22) beziehen, solange und soweit diese unter Hinzurechnung der ihnen zugesprochenen Invaliden- oder Altersrente den Betrag von 415 Mark übersteigt (also wenn z. B. eine Invalidenrente von 180 und eine Unfallrente von 360 Mark zu beziehen sind, wird die Invalidenrente nur mit 415—360 = 55 Mark gezahlt);
2. für die Beamten des Reichs, der Bundesstaaten oder öffentlichen Korporationen und Personen des Soldatenstandes, solange und soweit die denselben gewährten Pensionen oder Wartegelder unter Hinzurechnung der ihnen hiernach zugesprochenen Rente den Betrag von 415 Mark übersteigen;
3. solange der Berechtigte eine die Dauer von einem Monat übersteigende Freiheitsstrafe verbüßt oder solange er in einem Arbeitshause oder einer Besserungsanstalt untergebracht ist;
4. in der Regel solange der Berechtigte nicht im Inlande wohnt.

Lohnklassen.

37. Behufs Bemessung der Renten und Beiträge werden nach der Höhe des Jahresarbeitsverdienstes folgende Klassen der Versicherten gebildet:

Lohnklasse I mit einem Jahresverdienst bis 350 Mark einschl.
„ II „ „ „ von mehr als 350 bis 550 Mark,
„ III „ „ „ von mehr als 350 bis 850 Mark,
„ IV „ „ „ von mehr als 850 Mark.

Als Jahresarbeitsverdienst gilt:

1. für die in der Land- und Forstwirthschaft beschäftigten Personen, sofern nicht der Fall zu 4 vorliegt, der für sie von der höheren Verwaltungsbehörde festzusetzende durchschnittliche bezw. der für Betriebsbeamte nach Nr. 23 zu ermittelnde Jahresarbeitsverdienst;
2. für die unfallversicherten Seeleute u. dgl. (Nr. 10 g) der nach Nr. 23 festgesetzte Durchschnittsbetrag;
3. für Mitglieder einer Knappschaftskasse der 300 fache Betrag des von dem Kassenvorstande festzusetzenden, durchschnittlichen täglichen Arbeitsverdienstes der betr. Klasse, mindestens aber des ortsüblichen Lohnsatzes Nr. 13 b;
4. für Mitglieder einer Orts-, Betriebs- (Fabrik-), Bau- oder Innungs-Krankenkasse der 300 fache Betrag der zu Nr. 14 a maßgebenden Lohnsätze;
5. Im Uebrigen der 300-fache Betrag des ortsüblichen Lohnsatzes Nr. 13 b.

Sind aber Arbeitgeber und Versicherte über einen höheren Betrag einverstanden, so wird stets dieser zu Grunde gelegt — eine höchst vorteilhafte und daher von Versicherten in weitestem Maße auszunutzende Vergünstigung.

Betrag und Berechnung der Renten.*)

38. Die Renten werden für Kalenderjahre berechnet.

---

*) Zur leichten Berechnung dient Pfafferoths „Rententafel“ (J. J. Heines Verlag.)

Sie bestehen a) aus einem von der Versicherungsanstalt aufzubringenden von der Summe der Beitragswochen abhängigen Betrage und b) aus einem festen Zuschusse des Reichs in Höhe von 50 Mark jährlich zu jeder Rente.

39. Der von der Versicherungsanstalt aufzubringende Theil der Invalidenrente*) wird so berechnet, daß zunächst immer ein fester Betrag von 60 Mark zu Grunde gelegt wird; derselbe steigt mit jeder vollendeten Beitragswoche

in der	Lohnklasse	I	um	2	Pfennig,
„	„ „	II	„	6	„
„	„ „	III	„	9	„
„	„ „	IV	„	13	„

Beispiel: Die jährliche Invalidenrente beträgt bei 1800 Beitragswochen, wovon 500 in Lohnklasse II, 600 in III und 700 in IV fallen,

	Grundrente	60	Mark,
+ 500 × 6	Pfennig =	30	„
+ 600 × 9	„ =	54	„
+ 700 × 13	„ =	91	„
	zusammen	235	Mark,
	dazu Reichszuschuß	50	„
	im Ganzen	285	Mark, monatlich 23,75 M.

40. Der von der Versicherungsanstalt aufzubringende Theil der Altersrente beträgt für jede Beitragswoche

in	Lohnklasse	I	4	Pfennig,
„	„	II	6	„
„	„	III	8	„
„	„	IV	10	„

Dabei werden stets 1410 Beitragswochen, nicht mehr und nicht weniger, angerechnet. Sind für einen Versicherten

---

**) Eine Vergleichung mit den vom Versicherten gezahlten Beiträgen ist bei Nr. 54 angestellt.

Beiträge für mehr als 1410 Beitragswochen in verschiedenen Lohnklassen entrichtet, so werden für die Berechnung diejenigen 1410 Beitragswochen in Ansatz gebracht, in denen die höchsten Beiträge entrichtet worden sind.

Hat Jemand z. B.

400	Beitragswochen der Lohnklasse	I,
500	" " "	II,
600	" " "	III,
900	" " "	IV

aufzuweisen, so werden nur berücksichtigt

510	Beitragswochen der Lohnklasse	III
und 900	" " "	IV
= 1410		

und es beträgt die Altersrente

510 × 8 Pfennig	=	40,80 Mark,
900 × 10 "	=	90,— "
Reichszuschuß	=	50,— "
im Ganzen		180,80 M., monatlich 15,10 M.

Für die nächste Zeit sind auch die Regeln Nr. 47 zu beachten.

42. Für einen Versicherten, welcher bei einer der Kasseneinrichtungen (Nr. 193) betheiligt gewesen ist, wird bei der Steigerung der Invalidenrente sowie bei Berechnung der Altersrente für jede Woche der Betheiligung vom 1. Jannar 1891 ab diejenige Lohnklasse in Rechnung gebracht, welcher derselbe nach dem von ihm wirklich bezogenen Lohne angehört haben würde, wenn er bei einer Versicherungsanstalt versichert gewesen wäre. Hat der Versicherte gleichzeitig einer Knappschaftskasse oder einer Orts-, Betriebs- (Fabrik-), Bau- oder Innungskasse angehört, so bestimmt sich die in Rechnung zu bringende Lohnklasse nach den Bestimmungen der Ziff. 3 bzw. 4 der Nr. 37.

43. Für die nach Nr. 33 als Beitragszeit geltende Dauer bescheinigter Krankheiten und militärischer Dienstleistungen wird bei Berechnung der Rente immer die Lohnklasse II zu Grunde gelegt. Den auf die Dauer militärischer Dienstleistungen entfallenden Antheil der Rente übernimmt das Reich. Ebenfalls zur Lohnklasse II kommt ferner in Anrechnung die Zeit früheren Rentenbezugs (Nr. 35) sowie freiwilliger Weiterversicherung und Selbstversicherung (Nr. 178, 181).

Für die Uebergangszeit nach Inkrafttreten des Gesetzes.

44. Um den Bezug von Renten schon alsbald nach dem Inslebentreten der Versicherung — also von 1891 ab — zu ermöglichen, hat das Gesetz folgende Vergünstigungen vorgesehen:

Die Wartezeit für die Invalidenrente vermindert sich für Versicherte, welche während der ersten 5 Kalenderjahre von 1891 ab erwerbsunfähig werden, aber schon auf 47 Wochen Beiträge entrichtet haben, um so viel Wochen, als sie vor dem 1. Januar 1891, jedoch innerhalb dar letzten 5 Jahre vor Eintritt der Erwerbsunfähigkeit, in einem die Versicherungspflicht begründenden Arbeits- oder Dienstverhältniß gestanden haben. Auf Selbstversicherer (Nr. 3) findet dies aber keine Anwendung. Angenommen z. B. es werde Jemand am 1. April 1892 erwerbsunfähig, nachdem auf 56 Beitragswochen Beiträge für ihn entrichtet sind, so ist die erforderliche Wartezeit vollendet, wenn die nachgewiesenen Arbeitswochen (mit den in Nr. 46 bezeichneten Wochen) zwischen 1. April 1887 und 1. Januar 1891 wenigstens 235 — 56 = 179 betragen.

Bei Ermittelung des durchschnittlichen Lohnsatzes Nr. 28 wird für die Zeit, um welche sich die Wartezeit vermindert, also im obigen Beispiel für 179 Wochen, die I. Lohnklasse zu Grunde gelegt.

45. Die Wartezeit für die Altersrente vermindert sich für Versicherte, welche am 1. Januar 1891 das 40. Lebensjahr erreicht haben und während der unmittelbar vorangegangenen 3 Kalenderjahre insgesammt mindestens 141 Wochen hindurch in einem die Versicherungspflicht begründenden Arbeits- oder Dienstverhältnisse gestanden haben, um so viele Beitragsjahre, als ihre Lebensjahre dann die Zahl 40 übersteigen. Ist z. B. Jemand beim Inkrafttreten des Gesetzes 50 Jahre alt, so gehen von der Wartezeit von 1410 Beitragswochen dann 10 × 47 = 470 ab und es bleiben 940; bei einem Alter von 60 Jahren würde eine Wartezeit von 470 Beitragswochen bleiben; bei einem Alter von 70 Jahren tritt sofort (für Versicherte) der Rentenanspruch ein.

46. Auch in diesen Fällen wird eine nach Nr. 33 anzurechnende Krankheit oder militärische Dienstleistung einem Arbeits- oder Dienstverhältnisse gleich geachtet. Dasselbe gilt bei vorübergehender Unterbrechung der Beschäftigung bei einem bestimmten Arbeitgeber, (aber ohne daß dadurch das dauernd eingegangene Arbeitsverhältniß gelöst wird), insoweit solche Unterbrechung während der Dauer eines Kalenderjahres den Zeitraum von 4 Monaten nicht übersteigt.

Die erforderlichen Nachweise über die nach Nr. 44, 45, 46 anzurechnenden Zeiten muß sich Jeder selbst beschaffen und zwar durch Bescheinigungen der zuständigen Behörden bezw. durch Bescheinigungen der Arbeitgeber, deren Unterschriften aber von einer Staats- oder Kommunalbehörde zu beglaubigen ist. Da die Beschaffung derselben später leicht erschwert oder unmöglich werden kann, möge ein Jeder bei Zeiten daran denken, sich die nöthigen Nachweise alsbald zu besorgen und sicher aufzubewahren.*)

*) Formulare zu den erforderlichen Schreiben und Bescheinigungen sind von J. J. Heines Verlag, Berlin, Steglitzerstraße 12 erschienen und durch jede Buchhandlung zu beziehen.

47. Bei Bemessung der nach Nr. 45 zu gewährenden Altersrenten kommen, soweit es sich um Renten handelt, welche in den 10 Jahren 1891—1900 entstehen, für die vor dem 1. Januar 1891 liegende Zeit die Steigerungssätze derjenigen Lohnklasse in Anrechnung, welche dem durchschnittlichen Jahresarbeitsverdienste des Versicherten während der Nr. 45 bezeichneten 141 Wochen entsprechen, mindestens aber die der I. Lohnklasse, für die spätere Zeit dagegen die den wirklich entrichteten Beiträgen entsprechenden Steigerungssätze Nr. 40. Bei den nach Ablauf jener 10 Jahre zur Entstehung gelangenden Renten werden für die ganze Zeit die Steigerungssätze zu Grunde gelegt, welche den nach dem 1. Januar 1891 entrichteten Beiträgen entsprechen, und zwar, wenn die Beiträge in verschiedenen Lohnklassen entrichtet sind, nach dem Verhältnisse der Zahl der in den einzelnen Lohnklassen entrichteten Beiträge. Näheres in Pfafferoths „Rententafel“.

Verhältniß zu anderen Ansprüchen.

48. Die gesetzliche Verpflichtung von Gemeinden und Armenverbänden zur Unterstützung hülfsbedürftiger Personen sowie sonstige Verpflichtungen zur Fürsorge für alte, kranke, erwerbsunfähige oder hülfsbedürftige Personen bleiben nnberührt. Soweit von Gemeinden- oder Armenverbänden an hülfsbedürftige Personen Unterstützungen für einen Zeitraum geleistet sind, für welchen diesen ein Anspruch auf Invaliden- oder Altersrente zustand, geht solcher Anspruch im Betrage der geleisteten Unterstützung auf jene über. Das Gleiche gilt für Betriebsunternehmer und Kassen, welche die den Gemeinden- oder Armenverbänden obliegende Verpflichtung zur Unterstützung Hülfsbedürftiger auf Grund gesetzlicher Vorschrift erfüllt haben.

49. Fabrikkassen, Knappschaftskassen, Seemannskassen

und ähnliche Kasseneinrichtungen, welche ihren nach Nr. 2 versicherten Mitgliedern für den Fall des Alters oder der Erwerbsunfähigkeit Renten oder Kapitalien gewähren (auch solche, für welche ortsstatutarischer Beitrittszwang besteht), können diese Unterstützungen für die, welche einen Anspruch auf Invaliden- oder Altersrenten haben, um den Werth der letzteren ermäßigen, wenn gleichzeitig auch die Beiträge der Betriebsunternehmer und Kassenmitglieder oder wenigstens der letzteren (bei Zustimmung der Betriebsunternehmer) entsprechend gemindert werden, es sei denn, daß die durch die Ermäßigung der Unterstützung ersparten Beträge zu anderen Wohlfahrtseinrichtungen für Betriebsbeamte, Arbeiter oder deren Hinterbliebene statutenmäßig verwendet werden sollen oder die bisherigen Beiträge zur Deckung der weiteren Leistungen erforderlich sind.

Für Personen, welche aus solchen Kassen Invaliden- oder Altersrenten beziehen, erlischt nicht das Versicherungsverhältniß.

50. Etwaige Ansprüche gegen Dritte auf Ersatz durch die Invalidität entstandenen Schadens gehen auf die Versicherungsanstalt bis zum Betrage der von dieser zu gewährenden Rente über.

Wegen Heranziehung der Berufsgenossenschaften s. Nr. 155.

III. Aufbringung der Mittel für Renten, Entschädigungen und Unterstützungen.

A. Krankenversicherung.

51. Die Mittel werden bei den verschiedenen Versicherungen nicht gleichmäßig auf eine und dieselbe Weise aufgebracht. Bei der Krankenversicherung geschieht dies durch Beiträge, welche in Prozenten des ortsüblichen

(bei der Gemeindekrankenversicherung), oder des durchschnittlichen Tagelohns erhoben werden und zwar im Allgemeinen zu $^2/_3$ vom Arbeitnehmer und zu $^1/_3$ vom Arbeitgeber; siehe Näheres unter Nr. 70, 85, 88, 90. Bei den Betriebs-, Bau- und Innungskassen besteht außerdem noch eine event. Zuschußpflicht der Arbeitgeber bzw. Innung. Die Verwaltungskosten werden bei den Orts- und Innungskassen durch die Beiträge mit aufgebracht, bei den übrigen haben sie die Gemeinde bzw. die Unternehmer zu tragen.

B. Unfallversicherung.

52. Die auf Gegenseitigkeit gegründete Unfallversicherung erfolgt auf alleinige Kosten der Arbeitgeber. Die Mittel zur Deckung der von den Berufsgenossenschaften zu leistenden Entschädigungsbeträge und der Verwaltungskosten werden jährlich durch Beiträge der Mitglieder, d. h. der Arbeitgeber, aufgebracht, und zwar meist im Wege des Umlageverfahrens. Siehe Näheres unter Nr. 114—121, 97 und 135. Für die ersten 13 Wochen liegt die Fürsorge den Krankenkassen ob.

C. Invaliditäts- und Altersversicherung.

53. Die Mittel zur Gewährung der Invaliditäts- und Altersrenten werden vom Reich, den Arbeitgebern und Versicherten gemeinschaftlich aufgebracht, und zwar seitens des Reiches durch festbestimmte Zuschüsse zu den in jedem Jahre thatsächlich zu zahlenden Renten, seitens der Arbeitgeber und der Versicherten durch laufende Beiträge. Diese Beiträge entfallen je zur Hälfte auf den Arbeitgeber und den Versicherten und sind für jede Kalenderwoche zu entrichten, in welcher der Versicherte in einem die Versicherungspflicht begründenden Arbeits- oder

Dienstverhältniß gestanden hat (Beitragswoche). Die in Nr. 3 Bezeichneten zahlen für sich allein die vollen Beiträge.

Die Festsetzung der für die Beitragswoche zu entrichtenden Beiträge erfolgt für die einzelnen Versicherungsanstalten im Voraus zunächst auf 10, dann auf je 5 Jahre. Die Höhe der Beiträge wird so bemessen, daß dadurch die Verwaltungskosten, die Rücklagen zum Reservefonds, die erstatteten Beiträge sowie der Kapitalwerth der von der Versicherungsanstalt aufzubringenden Antheile an den voraussichtlich zu bewilligenden Renten gedeckt werden. In letzterer Beziehung erfolgt die Berechnung nach den einzelnen Lohnklassen (Nr. 37), so daß in jeder die voraussichtliche Belastung dadurch gedeckt wird, wobei jedoch eine aus der Selbstversicherung und der freiwilligen Versicherung voraussichtlich entstehende Mehrbelastung auf alle Lohnklassen zu vertheilen ist. Auch können für die bei derselben Versicherungsanstalt in derselben Lohnklasse versicherten Personen die Beiträge nach Berufszweigen verschieden bemessen werden. Im Uebrigen sind die Beiträge für die in derselben Lohnklasse bei einer Versicherungsanstalt versicherten Personen gleich zu bemessen.

54. Für die erste Beitragsperiode (10 Jahre) sind durch das Gesetz die wöchentlichen Beiträge,*) und zwar für Invaliden- und Altersrente zusammen, allgemein festgesetzt

---

*) Von diesen Beiträgen entfällt also auf den versicherten Arbeitnehmer nur die Hälfte, so daß z. B. von demselben insgesammt gezahlt sein werden:

in Lohnklasse	I	II	III	IV
nach 5 Beitragsjahren	16,45 M.	23,50 M.	28,20 M.	35,25 M.
„ 10 „	32,90 „	47,00 „	56,40 „	70,50 „
„ 20 „	65,80 „	94,00 „	112,80 „	141,00 „
„ 30 „	98,70 „	141,00 „	169,20 „	211,50 „
„ 40 „	131,60 „	188,00 „	225,60 „	282,00 „
„ 50 „	164,50 „	235,00 „	282,00 „	352,50 „

für die Lohnklasse I auf 14 Pfennige
" " " II " 20 "
" " " III " 24 "
" " " IV " 30 "

Die Versicherungsanstalten können dafür aber auch andere Beitragssätze mit Genehmigung des Landes= bezw. Reichsversicherungsamts beschließen.

Für die ferneren Betragsperioden beschließt der Ausschuß einer jeden Versicherungsanstalt nach Anhörung des Vorstandes über die Höhe der Beiträge.

Ueber die Art der Erhebung der Beiträge siehe hinten Nr. 165 u. folgd. Ueber die Erhöhung bei freiwilliger Fortsetzung eines beendigten Versicherungsverhältnisses und bei Selbstversicherung. No. 179—182.

55. Die Rücklagen zum Reservefonds werden für die erste Beitragsperiode, also auf 10 Jahre, so bemessen, daß er am Schlusse mindestens $1/_5$ des Kapitalwerths der in dieser Periode der Versicherungsanstalt voraussichtlich zur Last fallenden Renten beträgt. Der Reservefonds sowie dessen Zinsen dürfen, solange der erstere die vorgeschriebene Höhe noch nicht erreicht hat, nur in dringenden Bedarfsfällen mit Genehmigung des Landes= bezw. Reichs=Versicherungsamts angegriffen werden.

Dagegen erhält er an jährlicher Invalidenrente

in Lohnklasse	I	II	III	IV
nach 5 Beitragsjahren	114,70 M	124,10 M	131,15 M	140,55 M
" 10 "	119,40 "	138,20 "	152,30 "	171,10 "
" 20 "	128,80 "	166,40 "	194,60 "	232,20 "
" 30 "	138,20 "	194,60 "	236,90 "	293,30 "
" 40 "	147,60 "	222,80 "	279,20 "	354,40 "
" 50 "	157,00 "	251,00 "	321,50 "	415,50 "
Die Altersrente würde betragen	106,40 M	134,60 M	162,80 M	191,00 M

Erstattung von Beiträgen.

56. Die von den Versicherten entrichteten Beiträge werden nur im Falle des Todes bezw. der Verheirathung unter den folgenden Bedingungen zurückgezahlt:

a) Weibliche Personen, welche eine Ehe eingehen, bevor sie in den Genuß einer Rente gelangt sind, können, falls sie nicht länger freiwillig im Versicherungsverhältnis bleiben wollen (s. No. 178), die Erstattung der Hälfte der für sie geleisteten Beiträge (also was sie selbst gezahlt haben) verlangen, wenn solche für mindestens 5 Beitragsjahre (also 235 Wochen) entrichtet worden sind. Der Anspruch muß binnen 3 Monaten nach der Verheirathung geltend gemacht werden. Mit der Erstattung erlischt die durch das frühere Versicherungsverhältniß begründete Anwartschaft.

b. Ferner steht, wenn eine männliche Person, für welche mindestens für 5 Beitragsjahre (235 Wochen) Beiträge entrichtet worden sind, verstirbt, bevor sie in den Genuß einer Rente gelangt ist, der hinterlassenen Wittwe oder, falls eine solche nicht vorhanden ist, den hinterlassenen ehelichen Kindern unter 15 Jahren ein Anspruch auf Erstattung der Hälfte der für den Verstorbenen im Ganzen entrichteten Beiträge zu; ebenso beim Tode einer weiblichen Person den hinterlassenen vaterlosen Kindern unter 15 Jahren — aber immer nur sofern nicht etwa den Hinterbliebenen aus Anlaß des Todes des Versicherten eine Unfallrente gewährt wird.

Eine weitere Erstattung von Beiträgen findet sonst unter keinen Umständen statt; z. B. auch nicht, wenn der Versicherte selbstständig wird und deshalb aus dem Versicherungsverhältniß ausscheidet. Freilich darf dafür der aus der Versicherungspflicht Ausscheidende auch die Versicherung freiwillig fortsetzen, s. No. 178.

57. Der Erstattungsanspruch ist bei dem Vorstand der Versicherungsanstalt, an welche zuletzt Beiträge entrichtet worden sind, geltend zu machen. Das Verfahren entspricht dem in Nr. 154 Abs. 1 letzter Satz und Abs. 2, 3, Nr. 156 bis 158, 161 folgd. dargestellten; eine Mitwirkung des Staatskommissar findet aber nicht statt, auch haben Berufung und Revision keine aufschiebende Wirkung.

IV. Organisation der Versicherung im Allgemeinen.

58. Die Organisation ist für jede der drei Arten von Versicherungen eine verschiedene. Die Grundlage für alle bilden aber meist korporative Verbände mit juristischer Persönlichkeit und Selbstverwaltung unter Aufsicht des Reichs-Versicherungsamts bezw. der Landesbehörden.

A. Krankenversicherung.

59. Organe der Krankenversicherung sind: a. die Orts-, b. die Betriebs- (Fabrik-), c. die Bau-, d. die Innungskrankenkassen, e. die Knappschaftskassen. Da alle diese nicht als Zwangskassen gelten, so kann Jeder, wenn er es vorzieht, auch einer (die Mindestleistungen gewährenden) freien Hülfskasse beitreten. Wer weder das letztere gethan hat, noch Mitglied einer der vorgenannten Kassen geworden ist, gehört ohne Weiteres, sofern er eben nur dem Versicherungszwange unterliegt, stets der alsdann ergänzend eintretenden Gemeindekrankenversicherung an. Diese Verschiedenartigkeit trägt allen Lebensstellungen und örtlichen Verhältnissen Rechnung. Näheres No. 68—93.

Im Jahre 1888 bestanden mit einem Mitgliederbestande Ende 1888:

7852	Gemeindeversicherungen	mit	822244	Mitgl.
3893	Ortskrankenkassen . .	„	2200937	„
5868	Betriebs- (Fabrik-) Krankenkassen . .	„	1459737	„
135	Baukrankenkassen . .	„	26964	„
401	Innungskrankenkassen	„	43926	„
1853	eingetragene Hülfskassen	„	752918	„
466	sonstige „	„	143214	„
zus. 20468*)			5516461	„
	(Ende 1887 waren es		4842226	„).

B. Unfallversicherung.

60. Träger der Unfallversicherung sind die zu **Berufsgenossenschaften****) vereinigten Unternehmer, d. h. diejenigen, für deren Rechnung der Betrieb erfolgt oder die Arbeiten ausgeführt werden (bei Schiffahrtsbetrieben der Rheder).

61. Bei **Bauarbeiten**, welche nicht gewerbsmäßig oder von anderen Verbänden oder Korporationen als öffentlichen und zugleich leistungsfähigen ausgeführt werden, erfolgt die Versicherung auf Kosten der Unternehmer bezw. der Gemeindeverbände durch die Berufsgenossenschaften der Baugewerbetreibenden mittels einer besonders errichteten **Unfallversicherungsanstalt**, siehe Nr. 133.

62. Für Reichs-, Staats- und Korporationsbetriebe bestehen besondere Organe (Ausführungsbehörden), siehe Nr. 136—137.

63. Die Berufsgenossenschaften sind meist in örtlich abgegrenzte **Sektionen** mit Sektionsvorständen eingetheilt und haben **Vertrauensmänner** als örtliche Geschäftsorgane eingesetzt.

---

*) Die Knappschaftskassen sind hier nicht mit berücksichtigt.
**) Ein Verzeichniß derselben wird im Anhang II gegeben.

An weiteren Organen bei der Unfallversicherung sind hier außer den Genossenschaftsvorständen (Nr. 95) und den Ausschüssen (Nr. 107) zu nennen: die Arbeitervertreter (Nr. 123), die Schiedsgerichte (Nr. 128) und das Reichs-Versicherungsamt (Nr. 129) bezw. Landesversicherungsämter (Nr. 132).

64. Mit Beginn jedes Jahres können mehrere Genossenschaften sich zu einer vereinigen oder auch einzelne Zweige oder örtlich abgegrenzte Theile zur Bildung einer neuen Genossenschaft ausscheiden.

65. Ende 1889 bestanden

I. 112 Berufsgenossenschaften und zwar

64 gewerbliche mit	372 236	Betrieben
	und 4 742 548	versicherten Personen
48 land u. forstwirthschaftliche mit . . .	8 088 698	„ „

112 Ber.-Genossensch. m. 12 831 246 versicherten Personen, 917 Sektionen, 21 421 Vertrauensmännern, 1001 Schiedsgerichten und 4002 Arbeitervertretern.

II. 285 Ausführungsbehörden und zwar

152 für die Reichs- und Staatsbetriebe — (darunter 50 für die land- und forstwirthschaftliche Verwaltung) mit	523 283	versicherten Personen
133 Provinzial- u. Kommunal-Ausführungsbehörden mit . . .	20 037	„ „

285 Ausführungsbehörd. m. 543 320 versicherten Personen, 275 Schiedsgerichten und 1275 Arbeitervertretern.

C. Invaliditäts- und Altersversicherung.

66. Die ebenfalls auf Gegenseitigkeit beruhende Invaliditäts- und Altersversicherung erfolgt durch 31 Ver-

sicherungsanstalten*). Jede Anstalt umfaßt alle versicherungspflichtigen Personen, deren Beschäftigungsort in ihrem Bezirke liegt; als solcher Ort gilt der im Inlande belegene Sitz des Betriebes**). Die Kosten der ersten Einrichtung werden von dem Kommunalverband oder Bundesstaat vorgeschossen. Für Betriebe des Reichs, der Bundesstaaten und Kommunalverbände werden besondere Kasseneinrichtungen (Nr. 193) hergestellt. Im Uebrigen hat jede Anstalt außer dem Vorstande (siehe Nr. 142) einen Ausschuß (Nr. 143), Vertrauensmänner als örtliche Organe und unter Umständen einen Aufsichtsrath (Nr. 144); die öffentlichen Interessen nimmt ein Staatskommissar wahr (Nr. 150); ferner sind auch hier Schiedsgerichte (Nr. 153) und endlich bei dem Reichs-Versicherungsamt (Nr. 161) eine besondere Abtheilung sowie für die rechnerischen Arbeiten ein Rechnungsbüreau eingerichtet.

*) Ein Verzeichniß derselben ist im Anhang I gegeben.

**) Seeleute (Nr. 2c) werden bei der Versicherungsanstalt versichert, in deren Bezirk sich der Heimathshafen des Schiffes befindet.

Zweiter Theil.

Ueber Einrichtung und Verwaltung der Versicherungen, sowie Verfahren im Einzelnen.

Gebührenfreiheit, Zustellungen und Rechnungsjahr.

67. Alle zur Begründung und Abwickelung der Rechtsverhältnisse zwischen den Versicherungsanstalten einerseits und den Arbeitgebern oder Versicherten andererseits erforderlichen schiedsgerichtlichen und außergerichtlichen Verhandlungen und Urkunden sind gebühren- und stempelfrei. Dasselbe gilt für privatschriftliche Vollmachten und amtliche Bescheinigungen zur Legitimation oder zur Führung von Nachweisen.

Die Zustellungen, welche den Lauf von Fristen bedingen, erfolgen in der Regel durch die Post mittelst eingeschriebenen Briefes.

Das Rechnungsjahr fällt durchweg mit dem Kalenderjahr zusammen.

I. Krankenversicherung*).

A. Gemeinde-Krankenversicherung.

68. Die Gemeinden müssen den in ihrem Bezirk beschäftigten, zur Gemeindeversicherung gehörigen Personen

---

*) Im Jahre 1888 betrugen überhaupt
die Zahl der Erkrankungsfälle 1762520
(auf je 100 Mitglieder 32,6)

im Falle einer Krankheit (auch zufolge Unfalls) oder dadurch herbeigeführter Erwerbsunfähigkeit Krankenunterstützung (Nr. 13) gewähren, jedoch nur höchstens auf 13 Wochen. Sie erheben dagegen von denselben Krankenversicherungsbeiträge.

69. Die Versicherungsbeiträge*), sollen in der Regel $1\frac{1}{2}$ Prozent des ortsüblichen Tagelohns (Naturalbezüge und Tantiemen mitgerechnet) nicht übersteigen, können indessen, wenn sie die Unterstützungen nicht decken, bis zu 2 Prozent erhöht werden.**) Sie sind von den Arbeitgebern im Voraus einzuzahlen und fließen in eine besondere unentgeltlich zu verwaltende Kasse, deren Einnahmen und Ausgaben von den übrigen der Gemeinde getrennt zu halten sind. Die Ueberschüsse fließen in den Reservefonds.

70. $\frac{1}{3}$ der Beträge der versicherungspflichtigen (aber

---

die Zahl der Krankheitstage	29528770	
(auf je hundert Mitglieder 547)		
das Gesammt-Vermögen	59969981	Mark
die „ Einnahmen	91914433	„
die „ Ausgaben (einschl. Kapitalanlagen)	85517089	„
darunter für Krankheitskosten	61561484	„

Auf 1 Mitglied kamen durchschnittlich

Beiträge und Eintrittsgeld	13,86	Mark
Krankheitskosten	11,40	„
Verwaltungskosten	0,83	„

Auf 1 Erkrankungsfall kamen durchschnittlich 16,8 Tage und 34,93 Mark Kosten.

Von den Krankheitskosten entfielen auf den Arzt 20,34 %, Arznei- und Heilmittel 16,16 %, Krankengeld 47,11 %, Sterbegeld 4,27 %, Wöchnerin-Unterstützung 1,32 % und Verpflegungskosten in Anstalten 10,80 %.

*) Dieselben betrugen 1887 durchschnittlich 7,7 Mark. Die Beiträge der land- und forstwirthschaftlichen Arbeiter, welche kein Krankengeld beziehen, können entsprechend ermäßigt werden.

**) Nur 501 Gemeinden erhoben 1888 Beiträge über $1\frac{1}{2}$ Prozent.

nicht der freiwillig beigetretenen) Personen tragen die Arbeitgeber; ganz kleine Betriebe können durch Statut davon befreit werden. Den übrigen vorgeschossenen Theil der Beiträge können die Arbeitgeber bei jeder regelmäßigen Lohnzahlung für die bezügliche Zeit in Abzug bringen. Streitigkeiten zwischen Arbeitgebern und Arbeitnehmern über Berechnung und Anrechnung der Beiträge werden wie Lohnstreitigkeiten durch das Gewerbegericht bezw. den Gemeindevorsteher zum Austrag gebracht. Auf Anrechnung zu hoher Beträge steht Geldstrafe bis 300 M.

71. Rückständige Beiträge werden im Verwaltungszwangsverfahren beigetrieben und haben das Vorzugsrecht erster Stelle im Konkurse.

72. Personen, für welche die Gemeinde-Krankenversicherung eingetreten ist, behalten, wenn sie aus ihrer Beschäftigung ausscheiden und nicht Mitglieder einer Krankenkasse werden, den Anspruch auf Krankenunterstützung, solange sie die Versicherungsbeiträge weiterzahlen und im Gemeindebezirke ihres bisherigen Aufenthaltes oder der letzten Beschäftigung bleiben.

73. Die Arbeitgeber haben — bei Geldstrafe bis 20 Mark eventl. Freiheitsstrafe — jede von ihnen beschäftigte versicherungspflichtige Person, für welche die Gemeinde-Krankenversicherung eintritt, spätestens am 3. Tage nach Beginn der Beschäftigung bei der Gemeindebehörde bezw. Meldestelle anzumelden und spätestens am 3. Tage nach Beendigung des Arbeitsverhältnisses wieder abzumelden.

Ist der Anmeldungspflicht nicht genügt, so hat der Arbeitgeber der Gemeinde-Krankenversicherung die zur Unterstützung einer vor der Anmeldung erkrankten Person gemachten Aufwendungen zu erstatten.

Streitigkeiten der Versicherten oder Arbeitgeber mit der Gemeinde-Krankenversicherung über Beträge oder

Unterstützungsansprüche (ebenso mit den Gemeinden Nr. 13 a Note) werden von der Aufsichtsbehörde (in Preußen: Landrath bezw. Regierungspräsident) entschieden. Gegen die Entscheidung steht binnen 2 Wochen die gerichtliche Klage frei. Ueber **Haftung** der Betriebsunternehmer für die Aufwendungen bei vorsätzlich oder fahrlässig herbeigeführten Unfällen siehe Nr. 122.

B. Orts-Krankenkassen.

75. Die Orts-Krankenkassen sind in der Regel für Berufsgenossen, d. h. die in einem Gewerbszweige oder in einer Betriebsart beschäftigten Personen eines Gemeindebezirks bestimmt, sofern deren Zahl mindestens 100 beträgt. Sie sind von den Gemeinden auch auf Antrag der Betheiligten zufolge Anorduung der höheren Verwaltungsbehörde (in Preußen: des Regierungspräsidenten) zu errichten. Die Vereinigung von Gewerbszweigen oder Betriebsarten einer oder mehrerer Gemeinden bezw. Kommunalverbände mit anderen zu einer gemeinsamen Orts-Krankenkasse ist nur mit Zustimmung der darin Beschäftigten event. durch die höhere Verwaltungsbehörde zulässig.

76. Die in den betreffenden Gewerbszweigen und Betriebsarten beschäftigten Versicherungspflichtigen werden ohne Weiteres mit dem Tage des Antritts der Beschäftigung auch **Mitglieder** der Orts-Krankenkasse, sofern sie nicht schon einer anderen Krankenkasse mit Beitrittszwang angehören; Nichtversicherungspflichtige mit dem Tage der Anmeldung. Damit **beginnt** das Recht auf Unterstützung. Das Statut kann auch die Zahlung eines Eintrittsgeldes vorschreiben.

Der **Austritt** Versicherungspflichtiger ist am Jahresschlusse zulässig, muß aber 3 Monate zuvor beantragt werden.

77. Für jede Ortskrankenkasse ist ein behördlicherseits zu genehmigendes Kassenstatut über bestimmt vorgeschriebene Punkte (z. B. Höhe und Entrichtung der Beiträge, Art und Umfang der Unterstützung) aufzustellen, wofür der Bundesrath ein Normalstatut entworfen hat.

78. Kassenmitglieder, welche aus ihrer Beschäftigung ausscheiden und nicht zu anderen Krankenkassen treten, können unter Umständen auch fernerhin Mitglieder bleiben. Solche, welche erwerbslos werden, behalten für die Dauer der Erwerbslosigkeit, jedoch nicht für einen längeren Zeitraum, als sie der Kasse angehört haben, und höchstens für 3 Wochen ihre Ansprüche auf die gesetzlichen Mindestleistungen der Kasse.

79. Die Mitglieder haben an die Kasse nur die statutenmäßigen Beiträge*) (höchstens 2—3 % des durchschnittlichen Tagelohns) zu entrichten; ein Theil davon fließt zum Reservefonds. Im Uebrigen ist die Anlegung der Kostenbestände gesetzlich geregelt.

80. Jede Kasse hat einen gewählten Vorstand, bestehend aus Kassenmitgliedern und solchen Arbeitgebern (höchstens zu 1/3), welche für von ihnen beschäftigte Mitglieder aus eigenen Mitteln 1/3 der Beiträge zahlen müssen.

Der Vorstand vertritt die Kasse gerichtlich und außergerichtlich und führt nach dem Kassenstatut die laufende Verwaltung. Wegen der Wahlen für die Unfallversicherung s. Nr. 124, 126 u. 128 Note; für die Invaliditäts- und Altersversicherung Nr. 143. Aeußerung über Rentenansprüche Nr. 154.

81. Der aus den großjährigen Kassenmitgliedern bzw. aus deren Vertretern und aus beitragspflichtigen Arbeitgebern (diese aber höchstens zu 1/3 der Stimmen) bestehenden Generalversammlung steht unter Anderem zu: die

---

*) Dieselben betrugen 1887 durchschnittlich 14,5 Mark.

Abnahme und Prüfung der Jahresrechnung, die Verfolgung von Ansprüchen gegen Kassenmitglieder, die Abänderung der Statuten.

82. Die Befolgung der gesetzlichen und statutarischen Vorschriften wird von der Aufsichtsbehörde überwacht, welcher regelmäßig entsprechende Uebersichten einzureichen sind.

83. Sämmtliche oder mehrere Ortskrankenkassen innerhalb des Bezirks einer Aufsichtsbehörde können zu einem Verbande behufs der Anstellung eines gemeinsamen Rechnungs- und Kassenführers, der Abschließung gemeinsamer Verträge mit Aerzten, Apotheken und Krankenhäusern, sowie der Anlage und des Betriebes gemeinsamer Anstalten zur Heilung und Verpflegung erkrankter Mitglieder sich vereinigen.

84. Die Schließung einer Ortskrankenkasse muß erfolgen: wenn die Zahl der Mitglieder dauernd unter 50 sinkt, oder wenn die gesetzlichen Mindestleistungen auch nach erfolgter Erhöhung der Beiträge der Versicherten auf 3 Prozent des durchschnittlichen Tagelohnes nicht gedeckt werden können, und gegen die weitere Erhöhung der Beiträge von Beitragspflichtigen Widerspruch erhoben wird. Die Auflösung kann erfolgen, wenn sie von der Gemeindebehörde unter Zustimmung der Generalversammlung beantragt wird. Ebenso kann die Auflösung gemeinschaftlicher Kassen oder die Ausscheidung einzelner Betriebsarten oder Gemeinden erfolgen, wenn die Generalversammlung oder die betr. Gemeinden oder die Mehrzahl der betr. Mitglieder es beantragen.

85. Im Uebrigen gilt hier entsprechend das unter 70, 71, 73, 74 Ausgeführte über die An- und Abmeldung, die Beiträge, Streitigkeiten u. a.

C. Betriebs- (Fabrik-) Krankenkassen.

86. Solche können von Fabrikanten zc. für größere Betriebsunternehmungen mit mindestens 50 Arbeitern oder besonderer Krankheitsgefahr errichtet werden. Auch können Unternehmer zur Errichtung behördlicherseits angehalten werden; Unternehmer, welche einer solchen auferlegten Verpflichtung nicht nachkommen, müssen für jede in ihrem Betriebe beschäftigte dem Versicherungszwange unterliegende Person Beiträge bis zu 5 Prozent des verdienten Lohnes aus eigenen Mitteln zur Gemeinde-Krankenversicherung oder zur Ortskrankenkasse leisten. Beschwerde ist an das Ministerium (in Preußen: Handelsminister) zulässig.

87. Die in dem betr. Betriebe Beschäftigten gehören mit dem Tage des Eintritts in die Beschäftigung bezw. der Anmeldung der Kasse als **Mitglieder** an.

Der **Austritt** ist am Jahresschlusse zulässig, wenn er 3 Monate zuvor beantragt ist.

88. Im Uebrigen gilt hier das unter Nr. 70, 71, 74, 76—82 Angeführte. Durch Bestimmung des Statuts können aber die **Beiträge***) und **Unterstützungen** statt nach durchschnittlichen Tagelöhnen in Prozenten des **wirklichen** Arbeitsverdienstes der Versicherten festgesetzt werden, soweit dieser 4 Mark für den Tag nicht übersteigt.

Der Betriebsunternehmer trägt die Verwaltungskosten, hat nöthigenfalls Zuschüsse zur Kasse, in allen Fällen aber $^{1}/_{3}$ der statutenmäßigen Beiträge aus eigenen Mitteln zu leisten. Bei einstweiliger Einstellung oder starker Einschränkung des Betriebes kann die Aufsichtsbehörde die **Verwaltung** übernehmen.

89. Die Kasse kann unter Zustimmung der Generalversammlung **aufgelöst** werden. Sie ist behördlicherseits zu schließen: bei Auflösung des Betriebs, beim Sinken

*) Dieselben betrugen 1887 durchschnittlich 17 Mark.

der Personenzahl unter 50 und dauernder Leistungsunfähigkeit, ferner wenn der Betriebsunternehmer es unterläßt, für ordnungsmäßige Kassen- und Rechnungsführung Sorge zu tragen. Im letzteren Falle kann er gleichzeitig zur Beitragszahlung wie unter Nr. 86 verpflichtet werden.

D. Bau-Krankenkassen.

90. Die Errichtung solcher kann Bauherren bzw. Unternehmern für die bei Eisenbahn-, Kanal-, Wege-, Strom-, Deich- und Festungsbauten sowie in anderen vorübergehenden Baubetrieben beschäftigten Personen behördlicherseits aufgegeben werden. Bauherren, welche dieser Verpflichtung nicht nachkommen, haben den von ihnen beschäftigten Personen für den Fall einer Krankheit und im Falle des Todes derselben ihren Hinterbliebenen die unter Nr. 14 angegebenen Unterstützungen aus eigenen Mitteln zu leisten. Für diese Kassen gilt sonst im Wesentlichen das bezüglich der Betriebskassen Gesagte.*)

E. Innungs-Krankenkassen.

91. Auch für diese auf Grund der Gewerbeordnung von Innungen bzw. Innungsverbänden für die Gesellen und Lehrlinge ihrer Mitglieder errichteteten Krankenkassen gilt im Allgemeinen das über die Betriebskassen Angeführte**) — aber nicht für die Eintrittsverpflichtung, den Vorstand und die Generalversammlung, die Aufsicht, Auflösung sowie An- und Abmeldung durch die Arbeitgeber.

Im Uebrigen bleiben die Vorschriften des Tit. VI der Gewerbeordnung für diese Kassen in Kraft.

F. Knappschaftskassen.

92. Die Verhältnisse der **Knappschaftskassen** bleiben unberührt; nur müssen die statutenmäßigen Leistungen der-

*) Die Beiträge betrugen 1887 durchschnittlich 21,5 Mark.
**) Die Beiträge betrugen 1887 durchschnittlich 12,9 Mark.

selben den Betrag der für die Betriebs- (Fabrik-) Krankenkassen vorgeschriebenen Mindestleistungen erreichen.

G. Freie Hülfskassen.

93. Dasselbe gilt für die eingeschriebenen und sonstigen freien Hülfskassen*) ohne Beitrittszwang, sofern sie ihren Mitgliedern mindestens die Leistungen gewähren, welche in ihrer Gemeinde von der Gemeinde-Krankenversicherung zu gewähren sind. Kassen, welche freie ärztliche Behandlung und Arznei nicht gewähren, genügen dieser Bedingung durch Gewährung eines Krankengeldes von $^3/_4$ des ortsüblichen Tagelohnes. (Nr. 13 b.)

Bisherige ältere Krankenkassen mit Beitrittszwang bleiben ebenfalls bestehen, müssen aber ihre Statuten den obigen Normen im Wesentlichen anpassen. Neue Pensionskassen mit Beitrittszwang können dabei errichtet werden; für etwaige Pensionsansprüche ist ein entsprechender Vermögenstheil auszusondern.

II. Unfallversicherung.

A. Verwaltung der Berufsgenossenschaften.

Statut.

94. Die innere Verwaltung und Geschäftsordnung der Berufsgenossenschaften wird durch das vom Reichsversicherungsamt zu genehmigende Statut geregelt, welches über eine Reihe bestimmt vorgeschriebener Punkte, auch über die Generalversammlung der Mitglieder bzw. deren Vertreter (Genossenschaftsversammlung) Bestimmung treffen muß.

---

*) Dieselben kennen keine Beitragspflicht der Arbeitgeber, keine Zuschüsse der Unternehmer, kein Maximum der Beiträge u. a. m.; die letzteren betrugen 1887 durchschnittlich 14,7 Mark.

Vorstand.

95. Die gesammte Verwaltung der Genossenschaft erfolgt im Wesentlichen durch den aus Mitgliedern gewählten Genossenschaftsvorstand, welcher die Genossenschaft auch gerichtlich und außergerichtlich vertritt. Die Verwaltung land- und forstwirthschaftlicher Berufsgenossenschaften kann auch Organen der Selbstverwaltung übertragen werden (in Preußen ist sie auf den Provinzialausschuß bezw. den Kreis- (Stadt-) Ausschuß übergegangen).

Die Ablehnung der Wahl zum Vorstand ist nur aus denselben Gründen zulässig, aus welchen das Amt eines Vormundes abgelehnt werden kann. Eine Wiederwahl kann abgelehnt werden. Wer aber eine Wahl ohne solchen Grund ablehnt, kann für die Dauer der Wahlperiode zu erhöhten Beiträgen bis zum doppelten Betrage herangezogen werden.

Ehrenämter.

96. Die Mitglieder der Vorstände und die Vertrauensmänner verwalten ihr Amt als unentgeltliches Ehrenamt, sofern nicht durch das Statut eine Entschädigung für den durch Wahrnehmung der Genossenschaftsgeschäfte ihnen erwachsenden Zeitverlust bestimmt wird. Baare Auslagen werden ihnen von der Genossenschaft ersetzt. Sie haften der Genossenschaft für getreue Geschäftsverwaltung, wie Vormünder ihren Mündeln.

Reservefonds.

97. Die Berufsgenossenschaften haben einen Reservefonds*) anzusammeln.**) An Zuschlägen zur Bildung desselben werden bei der erstmaligen Umlegung der Entschädigungsbeträge 300 Prozent, bei der zweiten

---

*) Ende 1889 enthielt derselbe schon über 42 Millionen Mark.

**) Bei land- und forstwirthschaftlichen ist es nicht nothwendig.

200, bei der dritten 150, bei der vierten 100, bei der fünften 80, bei der sechsten 60 und von da an bis zur elften Umlegung jedesmal 10 Prozent weniger als Zuschlag zu den Entschädigungsbeträgen erhoben. Nach Ablauf der ersten 11 Jahre sind die Zinsen des Reservefonds diesem so lange weiter zuzuschlagen, bis er den doppelten Jahresbedarf erreicht hat*). Ist das letztere der Fall, so können die Zinsen insoweit, als der Bestand des Reservefonds den laufenden doppelten Jahresbedarf übersteigt, zur Deckung der Genossenschaftslasten verwendet werden. Die Genossenschaftsversammlung kann jederzeit mit Genehmigung des Reichs-Versicherungsamts weitere Zuschläge zum Reservefonds beschließen.

Auflösung.

98. Berufsgenossenschaften, welche zur Erfüllung ihrer Verpflichtungen leistungsunfähig werden, können auf Antrag des Reichs-Versicherungsamts von dem Bundesrath aufgelöst werden.

B. Mitgliedschaft.

99. Mitglied der Genossenschaft ist jeder Unternehmer eines im Bezirke derselben belegenen Betriebes derjenigen Industriezweige, für welche die Genossenschaft errichtet ist, bzw. jeder im Bezirke angesessene Landwirth, auch Pächter. Die Mitgliedschaft beginnt mit dem Zeitpunkt der Eröffnung des Betriebes bzw. des Beginns der Versicherungspflicht desselben. Stimmberechtigt ist jedes Mitglied der Genossenschaft, sofern es sich im Besitz der bürgerlichen Ehrenrechte befindet.

---

*) Bei der Tiefbau-Berufsgenossenschaft für die unter 10f bezeichneten Baubetriebe sind 5 % der Mitgliederbeiträge bis zur Erreichung der Höhe der erforderlichen Jahresbeiträge zuzuschlagen.

Betriebsanmeldung.

100. Jeder neue Betriebsunternehmer muß binnen einer Woche, nachdem er Mitglied einer Genossenschaft geworden ist, der unteren Verwaltungsbehörde (d. h. in Preußen den Ortspolizeibehörden, Landräthen, Revierbeamten u. a.) in deren Bezirk der Betrieb liegt, in 2 Exemplaren Anzeige erstatten. Säumige können durch Geldstrafen bis 100 M. zur Auskunft angehalten, auch können ihnen Ordnungsstrafen bis 300 Mark und, wenn ein späterer Eröffnungstag angegeben ist, bis 500 Mark auferlegt werden, wogegen Beschwerde an das Landes- bezw. Reichs-Versicherungsamt binnen 2 Wochen zulässig.

Von der Eröffnung neuer land- nnd forstwirthschaftlicher Betriebe hat die Gemeindebehörde der Genossenschaft Mittheilung zumachen; ebenso haben die Schiffsregister- und die Schiffsvermessungsbehörden von Vermessungen und Eintragungen neuer Fahrzeuge sowie von Löschungen und Veränderungen dem Genossenschaftsvorstande, von der Eröffnung anderer Betriebe Nr. 10 g. aber deren Unternehmer*) der unteren Verwaltungsbehörde Mittheilung zu machen.

Kataster.

101. Die Genossenschaftsvorstände führen Genossenschaftskataster**) über ihre Mitglieder; die darin eingetragenen Genossen erhalten Mitgliedscheine mit event. Angabe der Sektionen. Gegen die Aufnahme in das Kataster sowie gegen die Ablehnung derselben kann der Unternehmer binnen 2 Wochen Beschwerde an das Landes- bezw. Reichs-Versicherungsamt und zwar bei der unteren Verwaltungsbehörde (in Preußen: Ortspolizei bezw. Landrath 2c.) einlegen.

---

*) Die Rheder müssen für jedes Fahrzeug in dem Heimathhafen einen Bevollmächtigten bezw. Korrespondentrheder zu ihrer Vertretung bestellen.

**) landwirthschaftliche die Nr. 121 erwähnten Verzeichnisse.

Auch muß jeder Wechel in der Person desjenigen, für dessen Rechnung der Betrieb erfolgt, von dem Unternehmer dem Genossenschaftsvorstande behufs Berichtigung des Katasters angezeigt werden, sonst erfolgt die Forterhebung der umzulegenden Beiträge in bisheriger Weise.

Betriebsveränderungen.

102. Jeder Betriebsunternehmer muß ferner Betriebsveränderungen, welche für die Zugehörigkeit zu einer Genossenschaft von Bedeutung sind, dem Genossenschaftsvorstande (Landwirthe in Preußen beim Kreisausschuß*) binnen der statutenmäßigen Frist anzeigen, widrigenfalls er in Ordnungsstrafe bis 300 Mark genommen werden kann, wogegen ihm binnen 2 Wochen Beschwerde an das Landes- bezw. Reichs-Versicherungsamt zusteht.

Wird in Folge dessen der Betrieb einer anderen Genossenschaft überwiesen, so kann der Unternehmer dagegen binnen 2 Wochen Widerspruch beim Vorstande erheben, der dann die Entscheidung des Landes- bezw. Reichs-Versicherungsamts herbeiführt.

C. Feststellung und Auszahlung der Entschädigungen.

Anzeige und Untersuchung der Unfälle.

103. Von jedem in einem versicherten Betriebe vorkommenden Unfall, durch welchen eine in demselben beschäftigte Person getödtet wird oder eine Körperverletzung erleidet, welche eine Arbeitsunfähigkeit von mehr als 3 Tagen oder den Tod zur Folge hat, ist von dem Betriebsunternehmer bezw. Betriebsleiter bei der Ortspolizeibehörde schriftliche Anzeige nach Formular zu erstatten**).

---

*) Gegen dessen Entscheidung steht zunächst Beschwerde an den Provinzialausschuß frei.

**) Wenn der Unfall bei der Fahrt, beim Transport sich ereignet, der Behörde des betreffenden Bezirks event. des ersten Aufenthalts. Bei Seereisen erfolgt Eintragung in das Schiffsjournal bezw. in besondere Nachweisungen.

Die Anzeige muß binnen 2 Tagen nach dem Tage erfolgen, an welchem der Betriebsunternehmer von dem Unfall Kenntniß erlangt hat. Die Versäumung wird mit Ordnungsstrafe bis 300 Mark bestraft, wogegen Beschwerde binnen 2 Wochen an das Landes- bezw. Reichs-Versicherungsamt zulässig ist.

104. Ueber die Unfälle wird ein Unfallverzeichniß geführt.*)

105. Jeder bedeutendere Unfall muß alsbald von der Ortspolizeibehörde**) untersucht werden; von der Untersuchung wird der Krankenkasse vorher Mittheilung gemacht. Es können daran theilnehmen: Vertreter der Genossenschaft, Bevollmächtigte der betr. Krankenkasse und der Betriebsunternehmer bzw. dessen Vertreter. Außerdem sollen thunlichst die sonstigen Betheiligten und auf Antrag auch Sachverständige zugezogen werden. Die Krankenkassen-Bevollmächtigten (bzw. abgesandten landwirthschaftlichen Arbeiter) erhalten eine statutenmäßige, meist von der Ortspolizeibehörde festzusetzende Vergütung.

---

*) Im Jahre 1889 sind überhaupt 174874 Unfälle angemeldet. Entschädigungen sind festgestellt

a. bei den Berufsgenossenschaften für . .	28 971	Unfälle.
b. " " Ausführungsbehörden "	2 048	"
c. " " Versicherungsanstalten (No. 133)	430	"
zusammen für	31 449	Unfälle.

Darunter waren Unfälle

mit tödtlichem Ausgange	5 260
mit der Folge einer dauernden völligen Erwerbsunfähigkeit . . .	2 908

Die Zahl der von den getödteten Personen hinterlassenen entschädigungsberechtigten Personen beträgt

	3 328	Witwen
	6 996	Kinder
	270	Aszendenten
im Ganzen	10 594	

**) Bei Unfällen von Seeleuten in erster Linie durch die Seemannsämter bzw. durch Verklarung.

Anmeldung und Festsetzung der Entschädigungen.

106. Entschädigungsansprüche müssen bei Vermeidung des Ausschlusses in der Regel binnen 2 Jahren beim Genossenschaftsvorstand angemeldet werden; wenn kein Mitgliedsschein ertheilt war, bei der unteren Verwaltungsbehörde (Ortspolizei, Landrath ꝛc.). Bei Erhöhungen s. Nr. 24a.

Wer auch Anspruch auf Invalidenrente hat, wird, um möglichst bald in den Genuß einer Rente zu gelangen, gut daran thun, alsbald den Antrag auf Invalidenrente gemäß Nr. 154,155 zu stellen.

107. Die Festsetzung der Entschädigungen erfolgt von Amtswegen oder auf Antrag der Betheiligten nach Anhörung derselben thunlichst bald durch den Vorstand der Genossenschaft bzw. der Sektion (letztere nur für die Heil- und Beerdigungskosten und kürzere Renten); die Festsetzung dieser Entschädigungen kann gemäß dem Statut auch durch einen Ausschuß, eine Kommission oder durch Vertrauensmänner bewirkt werden. Bis zur definitiven Feststellung können vorläufige Entschädigungen zugebilligt werden.

108. Die Genossenschaftsmitglieder (bei Baubetrieben auch die Nichtmitglieder) sind verpflichtet, auf Erfordern der Behörden und Vorstände (Ausschüsse, Vertrauensmänner ꝛc.) binnen einer Woche die erforderlichen Lohn- und Gehaltsnachweisungen zu liefern. Bei unrichtigen Angaben erfolgen Geldstrafen bis 500 Mark, wogegen Beschwerde binnen 2 Wochen an das Landes- bzw. Reichs-Versicherungsamt zulässig.

109. Ueber die Feststellung der Entschädigung erhält der Entschädigungsberechtigte einen schriftlichen Bescheid, aus welchem die Höhe der Entschädigung und die Art ihrer Berechnung zu ersehen ist.

Beschwerde, Berufung und Rekurs.

110. Gegen den Bescheid der zuständigen Behörde, durch welchen der Entschädigungsanspruch aus dem Grunde abgelehnt wird, weil der Betrieb, in welchem der Unfall sich ereignet hat, für nicht unter Nr. 10 fallend erachtet wird, steht dem Verletzten und seinen Hinterbliebenen binnen 4 Wochen die Beschwerde an das Landes- bzw. Reichs-Versicherungsamt zu.

Gegen den Bescheid, durch welchen der Enschädigungsanspruch aus einem anderen Grunde abgelehnt oder die Entschädigung festgestellt wird, findet die Berufung*) auf schiedsrichterliche Entscheidung statt. Die Berufung muß binnen 4 Wochen bei dem Vorsitzenden des Schiedsgerichts des betr. Bezirks erhoben werden. (Für Seeleute sind diese Fristen durchweg größer).

111. Gegen die Entscheidung des Schiedsgerichts steht dem Verletzten oder dessen Hinterbliebenen, sowie dem Genossenschaftvorstande binnen 4 Wochen (von Auswärtigen binnen 12) der Rekurs an das Landes- bzw. Reichs-Versicherungsamt zu, aber nur dann, wenn es sich um eine längere Rente bei dauernder (völliger oder theilweiser) Erwerbsunfähigkeit oder um eine Rente für Hinterbliebene handelt.

Berechtigungsausweis.

112. Nach erfolgter Feststellung der Entschädigung erhält der Berechtigte vom Genossenschaftsvorstande einen sogen. Berechtigungsausweis.

Zahlung der Entschädigungen.

113. Die Auszahlung**) der Entschädigungen erfolgt

*) Im Jahre 1889 sind ungefähr 1/5 sämmtlicher Bescheide durch Berufung und etwa 1/4 der rekursfähigen Schiedsgerichtsurtheile mit Rekurs angefochten.

**) Bei der Knappschafts-Berufsgenossenschaft kann sie durch die Knappschaftskassen bewirkt werden.

unentgeltlich durch das Postamt, in dessen Bezirk der Entschädigungsberechtigte seinen Wohnsitz hat (bei Seeleuten im Bezirke des Heimathshafens des Schiffs.)

D. Umlage- und Erhebungsverfahren.

Tragung der Entschädigungen.

114. Durch Statut kann die Tragung der Entschädigungsbeträge bis zur Hälfte*) den Sektionen, in deren Bezirken die Unfälle eingetreten sind, auferlegt werden. Ferner sind auch Vereinbarungen von Genossenschaften über gemeinsame Tragung des Risikos, d. h. der von ihnen zu leistenden Entschädigungsbeträge zulässig.

Umlage.

115. Unter Berücksichtigung dieser Umstände werden jährlich die von den Postverwaltungen zur Erstattung liquidirten Beträge, die zu erstattenden Invalidenrenten (Nr. 155), die Rücklagen zum Reservefonds sowie die entstehenden Verwaltungskosten von dem Genossenschaftsvorstand auf die Genossenschaftsmitglieder nach Maßgabe der in ihren Betrieben von den Versicherten verdienten Löhne und Gehälter**) — die den durchschnittlichen Tagessatz von 4 Mark übersteigenden Beträge nur zu $^1/_3$ berechnet — bzw. des Jahresarbeitsverdienstes jugendlicher und nicht ausgebildeter Arbeiter, sowie nach dem Gebührentarif vertheilt.

116. Die Betriebe werden nämlich je nach dem Grade der mit ihnen verbundenen Unfallgefahr in Gefahrenklassen mit verschieden abgestuften Beiträgen (Gebührentarif)

---

*) Bei der Knappschafts-Berufsgenossenschaft auch darüber hinaus — je nach dem Statut.

**) Für Seefahrzeuge nach der Summe der Durchschnittslöhne (Nr. 23) für die abgeschätzte Besatzungszahl. S. Note zu 116.

eingetheilt *), wozu das Reichs-Versicherungsamt einen Normaltarif aufgestellt hat. Die Veranlagung zu den einzelnen Gefahrenklassen liegt den Genossenschaftsorganen ob. Gegen dieselbe steht (auch bei späteren Betriebsveränderungen) dem Betriebsunternehmer binnen 2 Wochen die Beschwerde an das Landes- bzw. Reichs-Versicherungsamt zu. Der Gefahrentarif ist zuerst nach 2 und sodann mindestens von 5 zu 5 Jahren einer Revision zu unterziehen.

117. Zu dem Zwecke der Umlage hat jedes Genossenschaftsmitglied binnen 6 Wochen nach Jahresablauf eine Nachweisung über die Zahl der beschäftigten Personen**), die Löhne und Gehälter und die Gefahrenklassen einzureichen.

118. Auf Grund der aufgestellten Gesammtnachweisung***) berechnet der Vorstand für jedes Genossenschaftsmitglied den auf dasselbe zur Deckung des Gesammtbedarfs ent-

---

*) Für die Seeunfalls-Genossenschaft gemäß dem Statut. Für jedes Fahrzeug ist ferner die durchschnittliche Zahl der als Besatzung erforderlichen Seeleute abzuschätzen. Einzelnen Unternehmern können nach Maßgabe der vorgekommenen Unfälle Zuschläge auferlegt werden; bei besonders gefährlicher Ladung oder bei Reisen in besonders gefährlichen Gewässern oder Jahreszeiten kann auch Beitragserhöhung erfolgen.

**) Bei den landwirthschaftlichen nur der Betriebsbeamten.

***) Während des Jahres 1889 sind an Ausgaben erwachsen:

I. den 112 gewerblichen und landwirthschaftlichen Berufsgenossenschaften

a. an Entschädigungsbeträgen . .	12 956 410,32	Mark
b. an laufenden Verwaltungskosten .	4 145 633,33	"
c. an Kosten der Unfalluntersuchungen und der Feststellung der Entschädigungen, an Schiedsgerichts- und Unfallverhütungskosten	1 072 864 58	"
d. für die erste Einrichtung 2c. . . .	233 342,28	"
e. in den Reservefonds	12 917 376,76	"

fallenden Beitrag und stellt jedem Mitglied einen Aus-

II. den 285 Ausführungsbehörden

zu a.	1 387 637,21	Mark
„ b.	6 191,84	„
„ c.	39 502,20	„
zusammen	1 433 331,25	Mark.

III. den 13 Versicherungsanstalten der Baugewerks-Berufsgenossenschaften

zu a.	120 255,62	Mark
„ b.	202 398,53	„
„ c.	6 450,84	„
„ d.	206,68	„
„ e.	69 679,65	„
	398 991,32	Mark.

Die wirklichen Einnahmen betrugen

zu I.	37 621 115,60	Mark
zu III.	1 458 277,98	„

Es beläuft sich ferner

der am Schlusse des Rechnungsjahres nachgewiesene Bestand

zu I. auf	6 675 670,07	Mark
zu III. „	1 059 286,66	„

Der Gesammtbetrag des Reservefonds

zu I. auf	42 057 548,82	Mark
zu III. „	117 350,96	„

Die Entschädigungsbeträge bei den Berufsgenossenschaften setzen sich zusammen

aus	559 191	Mark	Kosten des Heilverfahrens,
„	8 533 684	„	Renten an Verletzte,
„	217 060	„	Beerdigungskosten,
„	1 009 324	„	Renten an Wittwen Getödteter,
„	154 445	„	Abfindungen an Wittwen bei Wiederverheirathung,
„	1 561 577	„	Renten an Kinder Getödteter,
„	80 875	„	Renten an Aszendenten Getödteter,
„	80 471	„	Renten an Ehefrauen in Krankenhäusern untergebrachter Verletzter,
„	127 786	„	desgl. an Kinder,
„	4 705	„	desgl. an Aszendenten,
„	566 496	„	Kur- u. Verpflegungskosten an Krankenhäuser
„	60 797	„	Abfindungen an Ausländer.

An laufenden Verwaltungskosten entfielen bei den gewerblichen Berufsgenossenschaften

auf den Kopf der versicherten Personen . .	0,75	Mark
auf je 1000 Mark der anrechnungsfähigen Löhne	1,20	„

zug aus der Heberolle mit der Zahlungsaufforderung*) zu.

Gegen die Festsetzung der Beiträge kann Widerspruch**) beim Genossenschaftsvorstande binnen 2 Wochen erhoben werden und gegen die ergehende Entscheidung binnen 2 Wochen Beschwerde an das Landes- bzw. Reichs-Versicherungsamt. Die Beschwerde ist aber nur zulässig, wenn dieselbe sich entweder auf Rechenfehler, oder auf die unrichtige Feststellung des anrechnungsfähigen Betrages der Löhne und Gehälter, oder auf den irrthümlichen Ansatz einer anderen Gefahrenklasse, als wozu der Betrieb nach Angabe des Mitglieds eingeschätzt ist, gründet.

119. Rückständige Beiträge sowie etwaige Kautionsbeträge und Strafzuschläge werden wie Gemeindeabgaben beigetrieben.

Deckungsverfahren bei Baubetrieben.

120. Für die Tiefbau-Berufsgenossenschaften (Nr. 10 f.) ist das Deckungsverfahren eingeführt. Die jährlich aufzubringenden Beiträge werden nach einem vom Reichsversicherungsamt aufgestellten Tarif so berechnet, daß durch dieselben außer den sonstigen Leistungen der Berufsgenossenschaft der Kapitalwerth der ihr im abgelaufenen Rechnungsjahre zur Last gefallenen Renten gedeckt wird. Die Ausschreibung der Beiträge erfolgt im Uebrigen nach den obigen Normen; auf die Beiträge sind vierteljährliche Vorschüsse zu leisten. Solche Vorschüsse können auch die Baugewerks-Berufsgenossenschaften durch Statut verlangen. Siehe ferner Nr. 133 folg.

---

*) Bei den landwirthschaftlichen erfolgt die Einziehung durch die Gemeindebehörde gegen Vergütung (in Preußen von 4%).

**) Bei den landwirthschaftlichen Einspruch, Beschwerde und Berufung wie bei Nr. 121.

Land- und forstwirthschaftliche Betriebe.

121. Bei den land- und forstwirthschaftlichen Berufsgenossenschaften können die Beiträge*) je nach Vorschrift des Statuts auf zweierlei Art aufgebracht werden, nämlich

entweder durch Zuschläge zu direkten Staats- und Kommunalsteuern oder im Umlageverfahren nach der Höhe der mit dem Betriebe verbundenen Unfallgefahr und dem Maß der in den Betrieben durchschnittlich erforderlichen menschlichen Arbeit (für jeden Arbeitstag $^1/_{300}$ des durchschnittlichen Jahreslohns Nr. 23, 17).

Letzterenfalls erfolgt durch Genossenschaftsorgane (in Preußen durch den Kreisausschuß für jeden Unternehmer eine Abschätzung der zur Bewirthschaftnng seines Betriebes jährlich durchschnittlich erforderlichen Zahl von Arbeitstagen. Gegen die das Ergebniß der Veranlagung und Abschätzung enthaltenden von den Gemeinden in ortsüblicher Weise bekannt zu machenden Verzeichnisse können die Unternehmer binnen 4 Wochen Einspruch beim Genossenschaftsvorstande (in Preußen beim Kreisausschuß) erheben, gegen den Bescheid desgleichen binnen 2 Wochen Beschwerde bei dem Genossenschaftsausschuß (in Preußen beim Provinzialausschuß) und gegen dessen Entscheidungen binnen 2 Wochen Berufung an das Landes- bzw. Reichsversicherungsamt einlegen.

Haftung der Betriebsunternehmer u. dgl.

122. Diejenigen Betriebsunternehmer, Bevollmächtigten oder Repräsentanten, Betriebs- oder Arbeitsaufseher, welche den Unfall vorsätzlich oder durch Fahrlässigkeit mit Außerachtlassung derjenigen Aufmerksamkeit, zu der sie vermöge ihres Amts, Berufs oder Gewerbes besonders verpflichtet

*) Einfache, kleinere Betriebe können von Beiträgen freibleiben.

sind, herbeigeführt werden, haften für alle Aufwendungen, welche in Folge des Unfalls von den Genossenschaften oder Krankenkassen gemacht worden sind.

Als Ersatz für die Rente kann in diesen Fällen deren Kapitalwerth gefordert werden.

F. Vertretung der Arbeiter.

123. Vertreter der Arbeiter werden zum Zweck der Wahl von Beisitzern zum Schiedsgericht, der Begutachtung der Unfallverhütungs-Vorschriften und der Theilnahme an der Wahl nichtständiger Mitglieder des Reichs-Versicherungsamts*) für jede Genossenschaftssektion, bezw. für die Genossenschaft (bei Reichs- und Staatsbetrieben für den Bereich jeder Ausführungsbehörde) gewählt. Die Zahl der Vertreter muß der Zahl der von den Betriebsunternehmern in den Vorstand der Sektion bezw. der Genossenschaft gewählten Mitglieder gleich sein.

124. Die **Wahl** erfolgt durch die Vorstände der Orts-, Betriebs-(Fabrik-), Bau- und Innungs-Krankenkassen, sowie Knappschaftskassen, welche im Bezirke der Sektion bzw. der Genossenschaft ihren Sitz haben und welchen mindestens 10 in den Betrieben der Genossenschaftsmitglieder beschäftigte versicherte Personen angehören, unter Ausschluß der Vertreter der Arbeitgeber. Wählbar sind nur männliche, großjährige, unfallversicherungspflichtige Kassenmitglieder, welche in Betrieben der Genossenschaftsmitglieder und im Bezirke der Sektion bzw. der Genossen-

*) Bei der Knappschafts-Berufsgenossenschaft können den Knappschaftsältesten diese Funktionen übertragen werden.

Bei den land- und forstwirthschaftlichen Genossenschaften werden die Vertreter der Arbeiter zum Zweck der Theilnahme an den Entscheidungen der Schiedsgerichte, an den Unfalluntersuchungen und an den Verhandlungen des Reichs-Versicherungsamts berufen.

schaft beschäftigt sind, sich im Besitze der bürgerlichen Ehrenrechte befinden und nicht durch richterliche Anordnung in der Verfügung über ihr Vermögen beschränkt sind.

Die Wahl der Vertreter der Arbeiter und je zweier Ersatzmänner, sowie die Vertheilung innerhalb der Genossenschaft geschieht nach einem vom Reichs-Versicherungsamt bzw. der Landesbehörde erlassenen Regulativ, und zwar auf 4 Jahre; alle 2 Jahre scheidet die Hälfte der Vertreter und Ersatzmänner aus; die Ausscheidenden können wiedergewählt werden.

125. Die Vertreter erhalten aus der Genossenschaftskasse auf Anweisung des Genossenschaftsvorstandes nach den statutarischen Sätzen Ersatz für nothwendige baare Auslagen und entgangenen Arbeitsverdienst. Gegen die Anweisung ist die Beschwerde an die Behörde, welche das Regulativ erlassen hat, zulässig.

126. Die Vorstände der obenbezeichneten Krankenkassen und der Knappschaftskassen wählen ferner ebenso mit Ausschluß der Vertreter der Arbeitgeber alle 2 Jahre aus der Zahl der Kassenmitglieder zum Zwecke der Theilnahme an den Unfalluntersuchungen für den Bezirk einer oder mehrerer Ortspolizeibehörden je einen Bevollmächtigten und 2 Ersatzmänner.

127. In land- und forstwirthschaftlichen Betrieben bezeichnet die Gemeindebehörde, wenn kein Bevollmächtigter oder Ersatzmann vorhanden ist, einen Arbeiter für die Theilnahme an der Untersuchung.

F. Schiedsgerichte.

128. Für jeden Bezirk einer Berufsgenossenschaft oder einer Sektion, bzw. für den Geschäftsbereich jeder Ausführungsbehörde giebt es ein oder mehrere Schiedsgerichte. Siehe Nr. 65.

Jedes Schiedsgericht besteht aus einem ständigen Vorsitzenden nebst Stellvertrer aus der Zahl der öffentlichen Beamten und aus 4 Beisitzern nebst je 2 Stellvertretern; zwei Beisitzer werden von der Genossenschaft oder betheiligten Sektion aus den stimmberechtigten, nicht zum Vorstande oder den Vertrauensmännern gehörigen Mitgliedern sowie deren Betriebsleitern, die beiden anderen von den Vertretern der Arbeiter aus der Zahl der letzteren gewählt*). Die Beisitzer und Stellvertreter werden auf 4 Jahre gewählt; alle 2 Jahre scheidet die Hälfte aus.

Für das Amt der Beisitzer gilt das unter Nr. 95 Abs. 2 Angeführte; die Uebernahme kann durch Geldstrafen bis 500 Mark erzwungen werden. Nur die von den Versicherten gewählten Beisitzer erhalten Vergütung von der Genossenschaft, nämlich statutenmäßigen Ersatz für entgangenen Arbeitsverdienst und der baaren Auslagen.

Das Schiedsgericht ist nur beschlußfähig, wenn außer dem Vorsitzenden eine gleiche Anzahl von Arbeitgebern und Arbeitnehmern, und zwar mindestens je einer als Beisitzer mitwirken. Die Entscheidungen erfolgen nach Stimmenmehrheit auf Grund öffentlicher mündlicher Verhandlung.

Im Uebrigen ist das Verfahren durch Kaiserliche Verordnung geregelt. Siehe auch Nr. 153.

G. Reichs-Versicherungsamt und Landes-Versicherungsämter.

Reichsversicherungsamt.

129. Zur Beaufsichtigung des Geschäftsbetriebs der nicht unter einem Landesversicherungsamt stehenden Berufs-

*) Die Wahl der land- und forstwirthschaftlichen Arbeitervertreter erfolgt durch die Vorstände der bezügl. Orts- und Betriebskrankenkassen, event. durch die Gemeinden, die der Seeleute durch dieselben Vorstände oder die der obrigkeitlich genehmigten Seemannskassen und ähnlicher Vereinigungen.

genossenschaften, zur Entscheidung von Beschwerden sowie zur Entscheidung in letzter Instanz über die Urtheile der Schiedsgerichte ist das Reichsversicherungsamt in Berlin eingesetzt.

Dasselbe hat einen Präsidenten (Dr. Bödiker), 1 Dirigenten der Abtheilung für die Invaliditäts- und Altersversicherung, ferner 19 ständige vom Kaiser auf Lebenszeit ernannte Mitglieder, außerdem 16 nichtständige Mitglieder, und zwar 4 vom Bundesrath aus seiner Mitte und je 6 von den Genossenschaftsvorständen und den Vertretern der Arbeiter aus ihrer Mitte Gewählte nebst je 2 Stellvertretern.

Die Amtsdauer der nichtständigen Mitglieder währt 4 Jahre.

130. Das Reichs-Versicherungsamt entscheidet außer Anderem endgültig, unbeschadet der Rechte Dritter, über Streitigkeiten, welche sich auf die Rechte und Pflichten der Inhaber der Genossenschaftsämter, auf die Auslegung der Statuten und die Gültigkeit der vollzogenen Wahlen beziehen. Dasselbe kann die Inhaber der Genossenschaftsämter zur Befolgung der gesetzlichen und statuarischen Vorschriften durch Geldstrafen bis zu 1000 Mark anhalten.

Die Beschlußfassung erfordert die Anwesenheit von mindestens 5 Mitgliedern (einschließlich des Vorsitzenden), unter denen sich je ein Vertreter der Genossenschaftsvorstände und der Arbeiter befinden müssen, wenn es sich um gewisse, gesetzlich festgesetzte, wichtigere Fälle (z. B. Rekurse) handelt.

Die Entscheidung der Rekurse gegen Urtheile der Schiedsgerichte und vermögensrechtlicher Streitigkeiten bei Veränderung des Genossenschaftsbestandes erfolgt unter Zuziehung zweier richterlicher Beamten auf Grund mündlicher Verhandlung in öffentlicher Sitzung. Die Parteien können sich durch Bevollmächtigte vertreten lassen. Das

Verfahren ist kostenfrei. Im Uebrigen ist dasselbe durch Kaiserliche Verordnung geregelt.

131. Die Kosten des Reichs-Versicherungsamts und seiner Verwaltung trägt das Reich. Die nichtständigen Mitglieder erhalten für die Theilnahme an den Arbeiten und Sitzungen des Reichs-Versicherungsamts eine nach dem Jahresbetrage von 1500 Mark festzusetzende Vergütung, und diejenigen, welche außerhalb Berlins wohnen, außerdem Ersatz der Kosten der Hin- und Rückreise, und zwar 13 Pfennige pro Kilometer (bei Landwegen 60 Pfennige) und 3 Mark für jeden Zu- und Abgang.

Landesversicherungsämter.

132. Neben dem Reichs-Versicherungsamt, als centraler Reichsbehörde, sind mit eingeschränkter Zuständigkeit für das Gebiet einiger Bundesstaaten und auf deren Kosten noch folgende Landes-Versicherungsämter vorhanden, welche nur diejenigen Berufsgenossenschaften zu beaufsichtigen haben, welche sich nicht über das Gebiet des betreffenden Bundesstaats hinaus erstrecken:

das Königl. Bayerische Landes-Versicherungsamt in München,
" " Sächsische " " Dresden,
" " Württembergische " " Stuttgart,
" Großherzogl. Badische " " Karlsruhe,
" " Hessische " " Darmstadt,
" " Mecklenburgische " " Schwerin,
" " " " " Strelitz,
" Fürstlich Reußische " " Greiz.

H. Unfallversicherungsanstalt für Bauarbeiter.

133. Für die Versicherung der von den unter Nr. 61 bezeichneten Unternehmern bei Bauarbeiten einschlägiger Art beschäftigten Personen, einschließlich der selbstversicherten Unternehmer, ist in den Tiefbau- und den anderen Bau-

gewerks-Berufsgenossenschaften je eine Versicherungsanstalt mit besonderem Nebenstatut errichtet.

Den Versicherungsanstalten der Baugewerks-Berufsgenossenschaften werden außer denjenigen Kategorien von Bauarbeiten, für welche sie errichtet sind, die von den zur Tiefbau-Berufsgenossenschaft gehörigen Unternehmern ausgeführten Eisenbahn-, Kanal-, Strom-, Deich- und anderen Bauarbeiten, zu deren Ausführung, einzeln genommen, nicht mehr als 6 Arbeitstage thatsächlich verwendet worden sind, innerhalb ihrer Bezirke zugewiesen.

Wenn das Genossenschaftsstatut es gestattet, kann auch die Versicherung von Unternehmern, welche als Baugewerbetreibende Mitglieder der Genossenschaft sind, sowie anderer von diesen bei der Bauausführung beschäftigten, nicht versicherten Personen bei der Versicherungsanstalt erfolgen.

134. Träger der Versicherungsanstalt ist die Berufsgenossenschaft. Der Genossenschaftsvorstand und die Genossenschaftsversammlung, sowie die sonstigen Organe der Berufsgenossenschaft führen die Verwaltung der Versicherungsanstalt, sofern sie nicht durch das Statut besonderen Organen übertragen ist.

Die Rechnungsführung erfolgt getrennt von der Berufsgenossenschaft, auch wird ein besonderer Reservefonds angesammelt.

135. Die Unfallversicherung erfolgt in der Versicherungsanstalt:

a. bei Bauarbeiten, zu deren Ausführung, einzeln genommen, mehr als 6 Arbeitstage thatsächlich verwendet worden sind, auf Kosten des Unternehmers gegen feste im Voraus bemessene Prämien nach einem stets für 3 Jahre festgesetzten Prämientarif;

b. im Uebrigen auf Kosten der Kommunalverbände gegen jährlich nach Maßgabe der wirklichen Zahlungen umzulegende Beiträge.

Zu a. müssen die Unternehmer monatlich der Gemeindebehörde nach einem Formular eine Nachweisung der verwendeten Arbeitstage und der von den Versicherten dabei verdienten Löhne und Gehälter vorlegen. Danach wird vom Genossenschaftsvorstande jährlich die Prämie, welche auf jeden Unternehmer entfällt, berechnet und die Heberolle aufgestellt.

Die Beiträge werden gegen Vergütung von den Gemeindebehörden eingezogen. Dieselbe legt zuvor die Heberolle zur Einsicht der Betheiligten aus. Diese können gegen die Prämienberechnung zunächst bei dem Genossenschaftsvorstande oder dem besonderen Organ Einspruch erheben; hat dieser nicht den gewünschten Erfolg, so steht dem Zahlungspflichtigen binnen 2 Wochen die Beschwerde an die unteren Verwaltungsbehörden (Landrath, Ortspolizei) und gegen deren Entscheidung binnen 2 Wochen der Rekurs an das Landes- bzw. Reichsversicherungsamt frei.

Für die Prämien 2c. haftet event. der Bauherr bzw. Zwischenunternehmer während eines Jahres nach der Feststellung der Verbindlichkeit.

Für Kommunalverbände, öffentliche Korporationen und andere Bauherren, welche regelmäßig Bauarbeiten selbst ausführen, kann der Betrag der Arbeitslöhne und Gehälter in Pausch und Bogen festgesetzt werden.

Zu b. werden die Mittel zur Deckung der Entschädigungsbeträge und Verwaltungskosten durch Beiträge der betr. Gemeinden (auch selbständigen Gutsbezirke und Gemarkungen) oder Verbände aufgebracht und auf dieselben nach Verhältniß der Bevölkerungsziffer jährlich umgelegt. Diese Beiträge werden innerhalb der einzelnen Gemeinden 2c.

wie Gemeindeabgaben aufgebracht, sofern nicht ein anderer Vertheilungsmaßstab zugelassen ist.

J. Reichs-, Staats- und Korporationsbetriebe.

Reichs- oder Staatsbetriebe.

136. Für die Post-, Telegraphen-, Marine und Heeresverwaltungen, sowie für die vom Reich oder von einem Bundesstaate für Reichs- beziehungsweise Staatsrechnung verwalteten Eisenbahnbetriebe, sämmtlich einschließlich der Bauten, welche von denselben für eigene Rechnung ausgeführt werden, ferner für die unter 10g bezeichneten Betriebe des Reichs oder eines Bundesstaats, tritt an die Stelle der Berufsgenossenschaft das Reich bzw. der Staat, für dessen Rechnung die Verwaltung geführt wird.

Dasselbe gilt hinsichtlich der von einigen Bundesstaaten für Staatsrechnung verwalteten Baggerei-, Binnenschiffahrts-, Flößerei-, Prahm- und Fährbetriebe, und ebenso durchweg bezüglich der Staats-Forstbetriebe, wohingegen die Staats-Landwirthschaftsbetriebe meist den betr. Berufsgenossenschaften angeschlossen sind (in Preußen z. B. die vorübergehend für Rechnung des Staats verwalteten Domänen) wie auch alle solche Reichsbetriebe.

Soweit hiernach das Reich oder ein Bundesstaat an die Stelle der Berufsgenossenschaft tritt, werden die Befugnisse und Obliegenheiten der Genossenschaftsversammlung und des Vorstandes der Genossenschaft durch Ausführungsbehörden wahrgenommen. Statistik vgl. Nr. 65 und Note zu 118.

Sonstige Regiebauten.

137. Ebenso erfolgt die Versicherung bei anderen vorstehend nicht erwähnten, vom Reich oder einem Bundesstaat als Unternehmer ausgeführten Bauarbeiten (Regie-

bauten) durch das Reich bzw. den Staat. Die Befugniß, bezüglich dieser Bauarbeiten der Berufsgenossenschaft für Baugewerbetreibende des betr. Bezirks beizutreten, hat das Reich innerhalb der gestellten Frist benutzt, indem es für seine Tiefbauten (Nord-Ostseekanal) der Tiefbau-Berufsgenossenschaft beigetreten ist. Die Versicherung erfolgt ferner von leistungsfähigen Kommunalverbänden und anderen öffentlichen Korporationen bei Baubetrieben, welche von ihnen als Unternehmer in anderen als Eisenbahnbetrieben ausgeführt werden. Dieselben können aber jederzeit das vorerwähnte Beitrittsrecht ausüben.

Soweit hiernach das Reich oder ein Bundesstaat, ein Kommunalverband oder eine Korporation an die Stelle der Berufsgenossenschaft tritt, kommen aber die Normen über Bildung und Veränderung der Berufsgenossenschaften, über Mitgliedschaft, Statut, Gefahrenklassen, Reservefonds, Betriebsveränderungen, Beaufsichtigung der Unternehmer u. a. nicht zur Anwendung.

K. Unfallverhütung. Ueberwachung der Betriebe durch die Genossenschaften.

Unfallverhütungsvorschriften.

138. Die Genossenschaften und die Ausführungsbehörden sind befugt, für den Umfang des Genossenschaftsbezirkes oder für bestimmte Industriezweige oder Betriebsarten oder bestimmt abzugrenzende Bezirke unter Zuziehung*) von Vertretern der Arbeiter Vorschriften zu erlassen:

1. über die von den Mitgliedern (bei Bauarbeiten auch von Nichtmitgliedern) zur Verhütung von Unfällen in ihren Betrieben zu treffenden Einrichtungen unter

*) aber nicht bei Vorschriften über die Sicherheit des Eisenbahnbetriebs.

Bedrohung der Zuwiderhandelnden mit der Einschätzung ihrer Betriebe in eine höhere Gefahrenklasse, event. mit Zuschlägen bis zum doppelten Betrage ihrer Beiträge;

2. über das in den Betrieben von den Versicherten zur Verhütung von Unfällen zu beobachtende Verhalten unter Bedrohung der Zuwiderhandelnden mit Geldstrafen bis zu 6 Mark, welche von den Vorständen der Betriebs- oder Baukrankenkassen bezw. der Ortspolizeibehörde aufzuerlegen sind.

Dagegen ist Beschwerde binnen 2 Wochen zulässig an das Landes- bzw. Reichs-Versicherungsamt bzw. die vorgesetzte Behörde.

Die Geldstrafen fließen in die Krankenkasse, welcher der zu ihrer Zahlung Verpflichtete zur Zeit der Zuwiderhandlung angehört.

139. Die Genossenschaften sind befugt, durch Beauftragte die Befolgung der zur Verhütung von Unglücksfällen erlassenen Vorschriften zu überwachen, von den Betriebseinrichtungen Kenntniß zu nehmen und zur Prüfung der Arbeiter- und Lohnnachweisungen die bezüglichen Geschäftsbücher und Listen einzusehen. Die Mitglieder (bei Bauten auch Nichtmitglieder) müssen dies gestatten, widrigenfalls sie durch Geldstrafen bis 300 Mark dazu angehalten werden können, es sei denn, daß der Betriebsunternehmer dadurch die Verletzung eines Fabrikgeheimnisses oder die Schädigung seiner Geschäftsinteressen befürchtet; dann muß er aber andere geeignete Personen bezeichnen, event. entscheidet das Landes- bzw. Reichs-Versicherungsamt.

140. Ueber die dabei zur Kenntniß gelangten Thatsachen müssen Alle Verschwiegenheit beobachten, auch sich der Nachahmung der geheim gehaltenen Betriebseinrichtungen

und Betriebsweisen enthalten. Die Beauftragteu und Sachverständigen sind hierauf zu beeidigen.

Die unbefugte Offenbarung von Betriebsgeheimnissen u. dgl. wird mit Geldstrafe bis 1500 Mark oder Gefängniß bestraft.

141. Die durch die Ueberwachung und Kontrole der Betriebe entstehenden Kosten gehören zu den Verwaltungskosten der Genossenschaft. Soweit dieselben in baaren Auslagen bestehen, können sie durch den Vorstand der Genossenschaft dem Betriebsunternehmer auferlegt werden, wenn derselbe durch Nichterfüllung der ihm obliegenden Verpflichtungen zu ihrer Aufwendung Anlaß gegeben hat. Gegen diese Maßregel findet binnen 2 Wochen die Beschwerde an das Landes- bzw. Reichs-Versicherungsamt statt. Die Beitreibung erfolgt wie die der Gemeindeabgaben.

III. Invaliditäts- und Altersversicherung.

A. Einrichtung und Verwaltung.

Vorstand.

142. Jede Versicherungsanstalt (Nr. 66) hat einen aus Beamten des Kommunalverbandes oder Bundesstaats bzw. je nach Bestimmung des Statuts auch aus anderen besoldeten oder unbesoldeten Personen bestehenden Vorstand, welcher die Versicherungsanstalt verwaltet, gerichtlich und außergerichtlich vertritt, auch die Eigenschaft einer öffentlichen Behörde hat.

Die Vertretung der Versicherungsanstalt gegenüber dem Vorstande wird durch das Statut geregelt.

Ausschuß.

143. Für jede Versicherungsanstalt wird ein Ausschuß

aus mindestens je 5 Vertretern der Arbeitgeber (oder deren Betriebsleiter) und der Versicherten gebildet. Die Anzahl der Vertreter der Arbeitgeber und der Versicherten muß immer gleich sein.

Die Vertreter nebst je 2 Ersatzmännern werden auf 5 Jahre nach näherer Bestimmung einer Wahlordnung von den Vorständen der Orts-, Betriebs- (Fabrik-), Bau- und Innungskrankenkassen, Knappschaftskassen, Seemannskassen und anderer Vereinigungen von Seeleuten, bzw. soweit die Versicherten solchen Kassen nicht angehören, von den weiteren Kommunalverbänden, der Gemeinde-Krankenversicherung oder den Hülfskassen gewählt. Sind die Vorstände der bezeichneten Kassen und Vereinigungen aus Vertretern der Arbeitgeber und Vertretern der Arbeitnehmer zusammengesetzt, so nehmen bei der Wahl die Arbeitgeber nur an der Wahl der Vertreter dieser, die den Versicherten angehörenden Mitglieder des Vorstandes nur an der Wahl der Vertreter der Versicherten Theil.

Streitigkeiten über die Wahlen werden von der Behörde entschieden, welche die Wahlordnung erlassen hat.

Wählbar sind nur deutsche, männliche, großjährige, im Bezirk der Versicherungsanstalt wohnende Personen, welche sich im Besitz der bürgerlichen Ehrenrechte befinden und nicht durch richterliche Anordnung in der Verfügung über ihr Vermögen beschränkt sind.

Aufsichtsrath und Vertrauensmänner.

144. Das Statut kann ferner die Bildung eines Aufsichtsraths zur Ueberwachung der Geschäftsführung des Vorstandes anordnen. Ein solcher muß gebildet werden, wenn dem Vorstande Vertreter der Arbeitgeber und Versicherten nicht angehören. Die Mitglieder desselben müssen den Anforderungen der Nr. 143 genügen, Arbeitgeber und Versicherte in gleicher Zahl darin vertreten sein. Er kann

die Berufung des Ausschusses verlangen, sobald ihm dies im Interesse der Versicherungsanstalt erforderlich erscheint. Den Vorsitz führt vorläufig der Vorsitzende des Vorstandes.

Als örtliche Organe der Versicherungsanstalt werden außerdem Vertrauensmänner aus dem Kreise der Arbeitgeber und der Versicherten bestellt.

Die Mitglieder des Aufsichtsraths und die Vertrauensmänner dürfen nicht Mitglieder des Vorstandes sein.

145. Die Versicherten, welche als Arbeitgeber versicherungspflichtige Personen dauernd beschäftigen (Nr. 3, 178), werden hier stets der Klasse der Arbeitgeber zugerechnet.

Statut.

146. Jede Versicherungsanstalt erhält ein Statut, welches von dem Ausschusse beschlossen wird und vom Landes- bzw. Reichs-Versicherungsamt zu genehmigen ist. Dasselbe muß nähere Bestimmung über die Verhältnisse des Vorstandes, Ausschusses, Aufsichtsraths, der Vertrauensmänner, über die Vertretung der Anstalt, die Vergütungen, die Jahresrechnung u. a. treffen.

147. Dem Ausschusse müssen aber stets vorbehalten werden: die Wahl der Beisitzer der Schiedsgerichte, Prüfung der Jahresrechnung, Bildung von Rückversicherungsverbänden (Nr. 151) Abänderung des Statuts und falls ein Aufsichtsrath nicht gebildet worden ist, die Ueberwachung der Geschäftsführung des Vorstandes.

Ueber den Reservefonds s. Nr. 55.

Ehrenämter und Haftpflicht.

148. Die unbesoldeten Mitglieder des Vorstandes, die Mitglieder des Ausschusses und des Aufsichtsraths, die Vertrauensmänner und die Schiedsgerichtsbeisitzer verwalten ihr Amt als Ehrenamt und erhalten nach den Sätzen des Statuts nur Ersatz für baare Auslagen, die Vertreter der Versicherten außerdem Ersatz für entgangenen Arbeitsverdienst.

Die Mitglieder des Vorstandes, des Ausschusses und des Aufsichtsraths, sowie die Vertrauensmänner haften der Versicherungsanstalt für getreue Geschäftsverwaltung wie Vormünder ihren Mündeln.

Wer eine Wahl ohne zulässigen Grund*) ablehnt, oder sich der Ausübung des Amtes ohne hinreichende Entschuldigung entzieht, wird vom Vorstande mit Geldstrafen bis zu 1000 Mark belegt, wogegen binnen zwei Wochen Beschwerde an das Landes- bzw. Reichsversicherungsamt zulässig ist. Die Wiederwahl kann jedoch für eine Wahlperiode abgelehnt werden.

Unbehinderte Ausübung der Funktionen.

149. Die **Vertreter der Versicherten** müssen jedesmal, wenn sie zur Wahrnehmung ihrer Obliegenheiten berufen werden, die Arbeitgeber hiervon in Kenntniß setzen, widrigenfalls ihnen die Entschädigungen versagt werden können. Die Nichtleistung der Arbeit während der Zeit, in welcher sie dadurch an der Arbeit verhindert sind, berechtigt den Arbeitgeber nicht, das Arbeitsverhältniß vor dem Ablauf der vertragsmäßigen Dauer aufzuheben.

Den Arbeitgebern und ihren Angestellten ist überhaupt untersagt, die Versicherten in der Uebernahme oder Ausübung eines solchen Ehrenamts irgendwie zu beschränken. Vertragsbestimmungen, welche diesem Verbote zuwiderlaufen, haben keine rechtliche Wirkung. Auch werden Arbeitgeber oder deren Angestellte, welche derartige Verträge geschlossen haben, sofern nicht nach anderen gesetzlichen Vorschriften eine härtere Strafe eintritt, mit Geldstrafe bis 300 Mark oder mit Haft bestraft.

Staatskommissar.

150. Für den Bezirk einer jeden Versicherungsanstalt

---

*) Ablehnungsgrund für Arbeitgeber ist auch die Wahrnehmung eines Ehrenamts bei der Unfallversicherung.

wird noch zur Wahrung der Interessen der übrigen Versicherungsanstalten und des Reichs von der Regierung ein Kommissar bestellt. Derselbe darf allen Verhandlungen der Organe der Anstalt und vor den Schiedsgerichten beiwohnen, Anträge stellen, gegen solche Entscheidungen durch welche die Erwerbsunfähigkeit anerkannt oder eine Rente festgesetzt wird, die zulässigen Rechtsmittel einlegen und Einsicht in die Akten nehmen.

Seine Thätigkeit erstreckt sich auch auf die besonderen Kasseneinrichtungen (Nr. 193) in seinem Bezirke.

Rückversicherungsverbände.

151. Mehrere Versicherungsanstalten können vereinbaren, die Lasten der Invaliditäts- und Altersversicherung ganz oder zum Theil gemeinsam zu tragen.

Veränderungen.

152. Veränderungen der Bezirke der Versicherungsanstalten, bzw. der Kasseneinrichtungen (Nr. 193) sind zulässig, nachdem zuvor die Ausschüsse der betheiligten Versicherungsanstalten darüber gehört sind.

Scheiden örtliche Bezirke aus dem Bezirk einer Versicherungsanstalt aus, so verbleibt der letzteren in vollem Umfange das bis zum Zeitpunkt des Ausscheidens angesammelte Vermögen, sowie die Verpflichtung zur Befriedigung aller Ansprüche, welche auf Verwendung von Beitragsmarken dieser Versicherungsanstalt beruhen.

Führt die Veränderung zur Auflösung der Versicherungsanstalt, so geht deren Vermögen mit allen Rechten und Pflichten, sofern nicht eine andere Versicherungsanstalt dieses Vermögen übernimmt, auf den weiteren Kommunalverband bzw. Bundesstaat über.

Streitigkeiten über Vermögensauseinandersetzung werden vom Landes- bzw. Reichs-Versicherungsamt entschieden.

B. Schiedsgerichte.

153. Für den Bezirk jeder Versicherungsanstalt wird mindestens ein Schiedsgericht errichtet. Dessen Einrichtung und Verfahren entspricht im Wesentlichen dem unter Nr. 128 Angeführten. Die Beisitzer werden von dem Ausschusse zu gleicher Zahl aus Arbeitgebern und Versicherten auf 5 Jahre gewählt. Vergl. nach Nr. 148.

Die Mitglieder des Schiedsgerichts können wegen Besorgniß der Befangenheit abgelehnt werden.

Der Vorsitzende kann die Berufung wegen verspäteter Einlegung, wegen Unzuständigkeit oder offenbarer Unbegründetheit zurückweisen; der Berufende kann dagegen binnen 2 Wochen die Anberaumung eines Verhandlungstermins beantragen.

Dem Gegner wird gewöhnlich die Einreichung einer Gegenschrift aufgegeben.

Der Berufende kann sich mittels Vollmacht durch Rechtsanwälte oder andere Personen vertreten lassen. Die Sache kann auch durch Vergleich erledigt werden. Der unterliegenden Partei können die dem Gegner erwachsenden Kosten auferlegt werden. Dieselben werden durch Vermittelung des Schiedsgerichts wie Gemeindeabgaben beigetrieben.

C. Verfahren hinsichtlich der Feststellung, Zahlung und Vertheilung der Renten.

Anmeldung und Feststellung der Rente. *)

154 Der Anspruch auf Bewilligung einer Invaliden- oder Altersrente ist bei der zuständigen unteren Verwaltungsbehörde**) des Wohnorts anzumelden, unter Bei-

*) Wesentliche Hülfe gewährt: Pfafferoths „Rechtsbeistand" und „Rententafel."

**) Bei Seeleuten dem Seemannsamt.

fügung der Quittungskarte sowie der sonstigen Beweisstücke (z. B. ärztlicher Atteste, Geburtsschein u. a.). Handelt es sich um Bewilligung einer Invalidenrente, so hat die Behörde zunächst die Vertrauensmänner zu hören und dem Vorstande der Krankenkasse 2c. (Nr. 143), welcher der Antragsteller angehört, Gelegenheit zu geben, sich über den Antrag zu äußern. Sodann übersendet die Behörde die Verhandlungen mit ihrer gutachtlichen Aeußerung dem Vorstande der Versicherungsanstalt, an welche ausweislich der Quittungskarte zuletzt Beiträge entrichtet worden waren. Dieser prüft den Antrag, fordert die früheren Quittungskarten ein und veranlaßt event. weitere Erhebungen.

Wird der angemeldete Anspruch anerkannt, so ist die Höhe der Rente sofort festzustellen. Der Empfangsberechtigte erhält sodann einen schriftlichen Bescheid, aus dem die Art der Berechnung der Rente zu ersehen ist. Abschrift des Bescheides wird dem Staatskommissar zugestellt.

Wird dagegen der angemeldete Anspruch nicht anerkannt, so ist derselbe durch schriftlichen, mit Gründen versehenen Bescheid abzulehnen.

Abgelehnte Anträge auf Bewilligung von Invalidenrenten dürfen im Allgemeinen vor Ablauf eines Jahres nicht wiederholt werden.

Ein Anspruch auf Invalidenrente darf übrigens nicht schon deshalb abgelehnt werden, weil die Erwerbsunfähigkeit durch einen Betriebsunfall verursacht ist. Die Versicherungsanstalten können aber die verpflichtete Berufsgenossenschaft wegen Ersatzes der dem Invaliden gezahlten Rente in Anspruch nehmen. Wird die Verpflichtung zur Gewährung einer Unfallentschädigung bestritten, so ist dagegen Berufung und Rekurs wie bei Nr. 110, 111 zulässig. Im Uebrigen werden Streitigkeiten über den Ersatzanspruch von dem ordentlichen Richter entschieden.

Berufung gegen die Bescheide.

156. Die Bescheide, durch welche der Anspruch abgelehnt oder die Höhe der Rente festgestellt wird, können sowohl vom Versicherten, wie auch vom Staatskommissar angefochten werden und zwar zunächst durch Berufung, welche binnen 4 Wochen nach Zustellung des Bescheides bei dem darin bezeichneten Schiedsgerichts-Vorsitzenden einzulegen ist; die Berufung hat aber keine aufschiebende Wirkung.

Ausfertigung der Entscheidung des Schiedsgerichts erhalten der Berufende und der Vorstand der Versicherungsanstalt, eine Abschrift der Staatskommissar.

Rechtsmittel der Revision.

157. Gegen die Entscheidung des Schiedsgerichts steht ferner beiden Theilen binnen 4 Wochen das Rechtsmittel der Revision unmittelbar an das Reichsversicherungsamt zu; dieselbe hat aber gleichfalls keine aufschiebende Wirkung. Ist von dem Schiedsgericht der Anspruch auf Rente im Widerspruch mit dem Vorstande der Versicherungsanstalt anerkannt und nicht gleichzeitig über die Höhe der Rente entschieden, so hat der Vorstand der Versicherungsanstalt unverzüglich die Höhe der Rente festzustellen und, auch wenn Revision eingelegt wird, sofort wenigstens vorläufig die Rente zuzubilligen. Gegen die vorläufige Zubilligung findet kein Rechtsmittel statt.

Ueber die Revision enscheidet stets das Reichs-Versicherungsamt in der Besetzung von 5 Mitgliedern (No. 129, 190ff). Die Revision kann jedoch nur darauf gestützt werden, daß die angefochtene Entscheidung auf der Nichtanwendung oder auf der unrichtigen Anwendung des bestehenden Rechts oder auf einem Verstoß wider den klaren Inhalt der Akten beruhe, oder daß das Verfahren an wesentlichen Mängeln leide. Die betr. Gründe und

Mängel müssen in der Revisionsschrift einzeln besonders angeführt werden. Sofern das Rechtsmittel nicht ohne Weiteres zurückgewiesen wird, hat das Reichs-Versicherungsamt darüber und über die Kosten nach mündlicher Verhandlung zu entscheiden.

Sonstige Rechtsbehelfe.

158. Auch die rechtskräfte Entscheidung über einen Anspruch auf Rente kann endlich noch gemäß den Vorschriften der Civilprozeßordnung im Wiederaufnahme-Verfahren durch die Nichtigkeits- oder Restitutionsklage angefochten werden, soweit nicht durch Verordnung ein Anderes bestimmt wird.

Renten-Entziehung.

159. Auf die Entziehung der Rente findet das gleiche Verfahren (Nr. 154—158) entsprechende Anwendung.

Berechtigungsnachweis.

160. Nach erfolgter Feststellung der Rente fertigt der Vorstand der Versicherungsanstalt dem Berechtigten eine Bescheinigung (Berechtigungsausweis) über die ihm zustehenden Bezüge aus.

Auszahlung durch die Post.

161. Die Auszahlung der Renten erfolgt unentgeltlich durch die Postanstalt des Wohnsitzes des Empfangsberechtigten an den Inhaber des Berechtigungsausweises.

Rechnungsbüreau.

162. Das Rechnungsbüreau des Reichs-Versicherungsamts, welches alle bei letzterem vorkommenden bezüglichen rechnerischen Arbeiten, insbesondere die Vertheilung der Renten auszuführen hat, erhält gleichfalls Ausfertigung des Bescheides unter Anschluß der Quittungskarten.

163. Es vertheilt*) die Renten auf das Reich und die betheiligten Versicherungsanstalten. Die Vertheilung erfolgt, nachdem zunächst der dem Reich in Rechnung zu stellende Zuschuß ausgeschieden worden ist, in dem Verhältnisse der Beiträge, welche den einzelnen Versicherungsanstalten für den Versicherten zugeflossen, bzw. nach Nr. 43 zu Lasten des Reichs in Anrechnung zu bringen sind. Die Vertheilung wird den Vorständen der betheiligten Versicherungsanstalten mitgetheilt. Jeder Vorstand kann dagegen binnen 14 Tagen Einspruch erheben. Erfolgt kein Einspruch, so gilt die Vertheilung als endgültig; wird rechtzeitig Einspruch erhoben, so entscheidet über denselben nach Anhörung der Vorstände der anderen betheiligten Versicherungsanstalten das Reichs-Versicherungsamt.

Sobald die Antheile an der Rente endgültig feststehen, übersendet das Rechnungsbüreau eine Ausfertigung der Vertheilung dem Vorstande der für die Festsetzung der Rente zuständigen Versicherungsanstalt.

Erstattung der Vorschüsse.

164. Das Rechnungsbüreau hat die von der Post vorgeschossenen Beträge gemäß Nr. 163 auf die betheiligten Versicherungsanstalten zu vertheilen und ihnen wie auch

*) Bei der Vertheilung der während der ersten 15 Jahre bewilligten Invaliden- und Altersrenten hat das Rechnungsbüreau die Versicherungsanstalten, in deren Bezirken der Versicherte während der unmittelbar vorangegangen 15 Jahre in einem die Versicherungspflicht begründenden Arbeits- oder Dienstverhältniß gestanden hat, so zu belasten, als ob während dieser Zeit fortlaufend Beiträge in der Lohnklasse I entrichtet worden wären. Jede Versicherungsanstalt, welcher ein Theil solcher Renten auferlegt werden soll, kann nach Empfang der Mittheilung binnen 2 Wochen sich die Führung des Nachweises innerhalb 3 Monate vorbehalten, daß ein solches zu berücksichtigendes Arbeits- oder Dienstverhältniß auch im Bereiche einer anderen Versicherungsanstalt bestanden habe.

dem Reichskanzler Nachweisungen über die ihnen zur Last fallenden Einzelbeträge zu übersenden.

D. Verfahren hinsichtlich der Feststellung und Erhebung der Beiträge.

Marken.*)

165. Zum Zweck der Erhebung der Beiträge (Nr. 53, 54) werden von jeder Versicherungsanstalt Marken mit der Bezeichnung ihres Geldwerths ausgegeben, welche bei den Postanstalten und anderen Verkaufsstellen zu kaufen sind. Die Marken der Lohnklasse I haben rothen, von II blauen, von III grünen, von IV rothbraunen Druck; die Doppelmarken zum einen Theil blauen, zum anderen orangefarbenen Druck.

Quittungskarte.

166. Die Entrichtung der Wochenbeiträge erfolgt nun durch Einkleben eines entsprechenden Betrages solcher Marken in die Quittungskarte. Eine solche kann jeder zu Versichernde unentgeltlich für sich beziehen

*) Wer unechte Marken in der Absicht anfertigt, sie als echt zu verwenden, oder echte Marken in der Absicht verfälscht, sie zu einem höheren Werthe zu verwenden, oder wissentlich von falschen oder verfälschten Marken Gebrauch macht, wird mit Gefängniß nicht unter drei Monaten, neben welchem auf Verlust der bürgerlichen Ehrenrechte erkannt werden kann, bestraft.

Dieselbe Strafe trifft denjenigen, welcher wissentlich schon einmal verwendete Marken in Quittungskarten abermals verwendet oder solche Marken nach gänzlicher oder theilweiser Entfernung der darauf gesetzten Entwerthungszeichen veräußert oder feilhält. Sind mildernde Umstände vorhanden, so kann auf Geldstrafe bis zu 300 Mark oder Haft erkannt werden.

Zugleich ist auf Einziehung der Marken zu erkennen, ohne Unterschied, ob sie dem Verurtheilten gehören oder nicht. Auf diese Einziehung ist auch dann zu erkennen, wenn die Ver-

(Nr. 167); hat er sich damit nicht versehen, so darf der Arbeitgeber auf Kosten des Versicherten eine solche anschaffen und den verauslagten Betrag bei der nächsten Lohnzahlung einbehalten.

Jede Quittungskarte ist zur Aufnahme von 52 Marken in ebensoviel Felder getheilt. Ist sie vollbeklebt, so muß sie, und zwar innerhalb der Nr. 168 angegebenen Frist, bei der Ausgabestelle Nr. 167 zum Umtausch eingereicht werden. Die Karten werden für jeden Versicherten mit fortlaufenden Nummern versehen. Auch wenn sie noch nicht vollbeklebt sind, kann der Versicherte, dann allerdings auf seine Kosten, jederzeit, gegen Rückgabe derselben die Ausstellung einer neuen Quittungskarte beanspruchen.

167. Die **Ausstellung** und der **Umtausch** der Quittungskarten erfolgt durch die von der Landes-Centralbehörde bekannt gemachten Stellen (meist Gemeindevorstand oder Ortspolizeibehörde). Die hiernach zuständige Stelle hat die in der zurückgegebenen Karte eingeklebten Marken aufzurechnen, die Zahl der danach anzurechnenden Beitragswochen für die einzelnen Lohnklassen und die Dauer der bescheinigten Krankheiten sowie die militärischen Dienst-

---

folgung oder Verurtheilung einer bestimmten Person nicht stattfindet.

Mit Geldstrafe bis 150 Mark oder mit Haft wird bestraft, wer ohne schriftlichen Auftrag einer Versicherungsanstalt oder einer Behörde

1. Stempel, Siegel, Stiche, Platten oder andere Formen, welche zur Anfertigung von Marken dienen können, anfertigt oder an einen Anderen als die Versicherungsanstalt, bzw. die Behörde verabfolgt,
2. den Abdruck solcher Stempel, Siegel, Stiche, Platten oder Formen unternimmt oder Abdrücke an einen Anderen als die Versicherungsanstalt, bzw. die Behörde verabfolgt.

Neben der Geldstrafe oder Haft kann auf Einziehung der Stempel, Siegel, Stiche, Platten oder Formen erkannt werden, ohne Unterschied, ob sie dem Verurtheilten gehören oder nicht.

leistungen anzugeben. Ueber die aus dieser Aufrechnung sich ergebenden Endzahlen erhält der Inhaber der Karte eine Bescheinigung, welche sorgsam aufzubewahren ist.

168. Jede Quittungskarte verliert in der Regel ihre Gültigkeit, wenn sie nicht bis zum Schlusse des dritten Jahres, welches dem am Kopfe der Karte verzeichneten Jahre folgt, zum Umtausche eingereicht worden ist (eine Karte, welche z. B. die Jahreszahl 1891 trägt, also erst Ende 1894); siehe a. Nr. 34. Verlorene, unbrauchbar gewordene oder zerstörte Quittungskarten sind durch neue zu ersetzen; in die neue werden die bis zum Verlust der Karte nachweisbar entrichteten Beiträge übertragen.

169. Gegen den Inhalt der Bescheinigung bzw. der Uebertragung kann der Versicherte binnen 2 Wochen Einspruch erheben. Gegen die Zurückweisung dieses Einspruchs ist binnen gleicher Frist Rekurs an die unmittelbar vorgesetzte Dienstbehörde zulässig. Die letztere entscheidet hierüber, sowie über andere das Verfahren betreffende Beschwerden endgültig.

170. Die abgegebenen Quittungskarten werden an die Versicherungsanstalt des Bezirkes übersandt und von dieser an die Versicherungsanstalt, deren Namen sie tragen, überwiesen.

Entrichtung der Beiträge.

171. Durch Einkleben entsprechender Marken sind die Beiträge (des Arbeitgebers und der Versicherten Nr. 53, 54) und zwar, ohne daß es einer besonderen obrigkeitlichen Anweisung bedarf, in den Fällen der Nr. 174, 178, 181 vom Versicherten selbst, sonst von demjenigen Arbeit-

*) Für angemusterte Seeleute bedarf es nicht der Ausstellung von Quittungskarten und der Verwendung von Beitragsmarken.

Die Entrichtung der Beiträge erfolgt durch den Rheder stets innerhalb 6 Wochen nach Ablauf eines jeden Kalenderjahrs und

geber zu entrichten, welcher den Versicherten während der Kalenderwoche beschäftigt hat. Findet die Beschäftigung nicht während der ganzen Kalenderwoche bei demselben Arbeitgeber statt, so ist von demjenigen Arbeitgeber, welcher den Versicherten zuerst beschäftigt hat, der volle Wochenbeitrag zu entrichten. Kann die Zahl der thatsächlich verwendeten Arbeitstage nicht festgestellt werden, (z. B. bei Akkordarbeit) dann ist der Beitrag für eine zur Herstellung der Arbeit ungefähr erforderliche Arbeitszeit (nach Wochen) zu entrichten. Im Streitfalle entscheidet die untere Verwaltungsbehörde **) endgültig. Vergl. Nr. 173.

Die An- und Abmeldung der Versicherungspflichtigen ist im Allgemeinen — abgesehen vom Fall Nr. 175 — nicht vorgeschrieben. Dafür, daß die Beiträge vom Arbeitgeber richtig geleistet werden, hat der Versicherte in seinem eigenen Interesse zu sorgen, da mit jedem Beitrage seine Rente zunimmt. Auch wirken dahin die Kontrollvorschriften Nr. 186, und die Strafbestimmungen Nr. 173.

Die Höhe der zu entrichtenden Beitrage (Nr. 54) richtet sich nach der Lohnklasse, in welche der Versicherte gemäß dem ortsüblichen oder durchschnittlichen Arbeitsverdienst (Nr. 37) seiner Klasse einzureihen ist.

---

zwar auf Grund einer nach einem vorgeschriebenen Muster aufzustellenden und der Versicherungsanstalt des Heimathshafens zu übersendenden Nachweisung. Ueber den Abzug der Hälfte der Beiträge bei Zahlung der Heuer ist dem Seemann auf dessen Antrag eine Bescheinigung auszustellen.

Der Ausweis über die Versicherung erfolgt durch das Seefahrtsbuch bzw. durch besondere bei der Ausmusterung auszustellende Bescheinigungen. Auf Grund derselben haben die Seemannsämter von Zeit zu Zeit bei der Abmusterung Nachweisungen über die anzurechnenden Beitragswochen auszustellen und an die betr. Versicherungsanstalt zu senden. Der Seemann kann sich Abschrift der Nachweisungen ausbitten.

Auf die Nachweisungen ist Nr. 169 anwendbar.

**) Bei Seeleuten das Seemannsamt.

Auch dann ist der ganze Wochenbeitrag zu leisten, wenn die Beschäftigung des Versicherten nur an einem Tage der Woche stattgefunden hat.

172. In die Quittungsmarke hat der Arbeitgeber oder sein bevollmächtigter Betriebsleiter bei der Lohnzahlung zu dem nach Nr. 171 zu berechnenden Betrage Marken derjenigen Art einzukleben, welche für die Lohnklasse, die für den Versicherten in Anwendung kommt, bezw. für den betreffenden Berufszweig von der zuständigen Versicherungsanstalt ausgegeben ist. Die Marken muß der Arbeitgeber zunächst aus eigenen Mitteln erwerben.

Wer wissentlich andere als die vorgeschriebenen Marken verwendet, erhält Geldstrafe von 20 bis 1000 Mark oder Gefängnißstrafe — bei mildernden Umständen von 3 Mark ab oder Haft.

Die Marken werden auf die Quittungskarte in fortlaufender Reihe eingeklebt. Bei unzureichender oder nicht rechtzeitiger Verwendung von Marken kann der Vorstand dem Arbeitgeber Ordnungsstrafen bis 300 Mark auferlegen, wogegen Beschwerde an das Landes- bzw. Reichs-Versicherungsamt binnen 2 Wochen zulässig ist.

Die Arbeitgeber können dagegen bei der Lohnzahlung den von ihnen beschäftigten Personen die Hälfte der für sie geleisteten Beiträge, aber höchstens die für die beiden letzten Lohnzahlungsperioden entrichteten, in Abzug bringen. Dabei bleiben Bruchpfennige unberücksichtigt. Wer wissentlich mehr abzieht, wird mit Geldstrafe bis 300 Mark oder Haft bestraft.

Beim Umtausch der Quittungskarten werden die Marken entwerthet.

Auch Arbeitgeber, welche die Marken einkleben und Versicherte sind befugt, die eingeklebten Marken in der Weise zu entwerthen, daß sie einzeln mit einem die Marke in der Hälfte ihrer Höhe schneidenden schwarzen wagerechten schmalen Strich durchstrichen werden.

173. Die Eintragung eines Urtheils über die Führung oder die Leistungen des Inhabers, sowie sonstige hier nicht vorgesehene Eintragungen oder Vermerke in oder an der Quittungskarte sind unzulässig. Wer solche unzulässige Eintragungen oder Vermerke macht, wird mit Geldstrafe bis 2000 Mark oder Gefängniß bis 6 Monate (bei mildernden Umständen auch Haft) bestraft. Quittungskarten, in welchen derartige Eintragungen oder Vermerke sich vorfinden, müssen von jeder Behörde, welcher sie zugehen, einbehalten und durch neue ersetzt werden.

Dem Arbeitgeber sowie Dritten — abgesehen von den zuständigen Organen — ist bei Strafe bis 300 Mark oder Haft untersagt, die Quittungskarte nach Einklebung der Marken gegen den Willen des Inhabers zurückzubehalten, andernfalls werden sie von der Ortspolizeibehörde abgenommen.

174. Versicherte, welche nicht in einem regelmäßigen Arbeitsverhältnisse zu einem bestimmten Arbeitgeber stehen, können die Befugniß erhalten, selbst die Versicherungsbeiträge statt der Arbeitgeber im Voraus zu entrichten, vorbehaltlich des Anspruchs auf Erstattung der Hälfte vom verpflichteten Arbeitgeber.

Einziehung der Beträge.

175. Von Vorstehendem abweichend kann statutarisch oder von der Centralbehörde angeordnet werden:

a. daß die Beiträge für die Versicherten, welche einer Krankenkasse (auch Gemeindeversicherung) angehören, durch deren Organe für Rechnung der Versicherungsanstalt gegen Vergütung von den Arbeitgebern eingezogen und in entsprechenden Marken in die Quittungskarten eingeklebt und entwerthet werden;

b. daß die Beiträge für andere Personen in der gleichen Weise durch Gemeindebehörden oder andere von der Landes-Centralbehörde zu bezeichnenden Stellen oder durch örtliche Hebestellen eingezogen werden. In diesem Falle kann auch die An- und Abmeldung der Versicherten angeordnet werden.

Die Arbeitgeber oder deren Betriebsleiter können sodann bei der Lohnzahlung den von ihnen beschäftigten Personen die Hälfte der in den beiden letzten Lohnzahlungsperioden fällig gewordenen Beiträge in Abzug zu bringen. Wer wissentlich mehr abzieht, wird mit einer Geldstrafe bis 300 Mark oder mit Haft bestraft.

Von dieser Befugniß ist vielfach Gebrauch gemacht worden. Zu a findet u. a. auf der Postkrankenkasse Angehörige Anwendung.

176. Sofern eine solche Anordnung getroffen ist, kann auch bestimmt werden, daß die Ausstellung und der Umtausch der Quittungskarten durch die ebengedachten Stellen stattzufinden hat; ferner für die Versicherten, deren Beschäftigung auf weniger als eine Woche beschränkt ist, die auf solche entfallende Hälfte der Beiträge unmittelbar von diesen, die auf die Arbeitgeber entfallende Hälfte aber von dem weiteren Kommunalverbande bzw. der Gemeinde entrichtet und durch sie von den Arbeitgebern wieder eingezogen wird.

177. Der Versicherte kann die Quittungskarte bei der die Beiträge einziehenden Stelle hinterlegen.

Freiwillige Fortsetzung des Versicherungsverhältnisses.

178. Personen, welche aus dem Versicherungsverhältnisse (Nr. 2 oder 3) ausscheiden,*) sind berechtigt, dasselbe freiwillig dadurch fortzusetzen bzw. zu erneuern

*) z. B. zufolge Selbstständigwerdens, Verheirathung (Nr. 56), Geschäftsausdehnung Nr. 3 a, oder wenn das Gehalt 2000 Mark übersteigt u. a. m.

(Nr. 34), daß sie Doppelmarken (Nr. 182) der Versicherungsanstalt, in deren Bezirk sie sich aufhalten, entrichten. Wann solche zu verwenden (auch bei Krankheiten) ist dem Ermessen des Versicherten überlassen. Nur müssen innerhalb 4 aufeinanderfolgender Kalenderjahre, wenn es nicht umsonst sein soll, immer wenigstens 47 Doppelmarken aufgeklebt sein; andererseits werden während eines Kalenderjahres niemals mehr als 52 Beitragswochen in Anrechnung gebracht.

Auf die Wartezeit für die Invalidenrente kommen (abgesehen von der Uebergangszeit Nr. 44) die behufs Fortsetzung oder Erneuerung des Versicherungsverhältnisses freiwillig geleisteten Beiträge nur dann in Anrechnung, wenn für den Versicherten im Uebrigen schon auf Grund der Versicherungspflicht oder zufolge Selbstversicherung (Nr. 3) für mindestens 117 Beitragswochen Beiträge geleistet worden sind; anderenfalls sind also alle freiwilligen Beiträge umsonst entrichtet.

Die Doppelmarken müssen von der amtlich bekannt gemachten zuständigen Stelle entwerthet werden. Wer es unterläßt, im Falle der Selbstversicherung oder der freiwilligen Versicherung die vorgeschriebenen Doppelmarken zu verwenden, kann durch die untere Verwaltungsbehörde mit Ordnungsstrafe bis 150 Mark bestraft werden.

179. Selbstständige Betriebsunternehmer und Hausgewerbetreibende (Nr. 2), sind, so lange sie regelmäßig nur einen Lohnarbeiter beschäftigen, im Falle der Fortsetzung oder Erneuerung des Versicherungsverhältnisses von der Beibringung der Doppelmarken befreit und brauchen also nur einfache Marken zu verwenden, wenn für sie bereits während mindestens 235 Wochen Beiträge entrichtet worden sind.

180. Scheidet ein Versicherter durch bloße zeitweise Unterbrechung seines bisherigen, ständigen Arbeits- oder

Dienstverhältnisses aus der Versicherungspflicht vorübergehend aus, ohne daß dadurch sein Verhältniß zum Arbeitgeber gelöst wird (z. B. bei Saisonarbeitern, Maurern rc.), so kann zur Erhaltung des Rentenanspruchs das Versicherungsverhältniß während der Arbeitslosigkeit noch weiter, aber längstens auf 4 Monate, auch ohne Beibringung von Doppelmarken durch Fortentrichtung der bisherigen Beiträge freiwillig aufrecht erhalten werden.

Selbstversicherungsverhältniß.

181. Wer sich nach Nr. 3 selbst versichert, muß ganz ebenso wie bei Nr. 178 Doppelmarken und zwar derjenigen Versicherungsanstalt, zu deren Bezirk sein Beschäftigungsort gehört, beibringen.

Zusatzmarken.

182. Die Doppelmarken (Nr. 165) werden für Rechnung des Reichs hergestellt und enthalten die Bezeichnung ihres Geldwerths.

Die Doppelmarke besteht aus einer Marke der Lohnklasse II und einer Zusatzmarke.

Der Nennwerth der Zusatzmarken ist vorläufig auf 8 Pfennig für die Beitragswoche festgesetzt.

Streitigkeiten.

183. Streitigkeiten zwischen den Organen der Versicherungsanstalten einerseits und Arbeitgebern oder Arbeitnehmern oder den Selbstversicherern (Nr. 3) andererseits, oder zwischen Arbeitgebern und Arbeitnehmern über die Frage, ob oder zu welcher Versicherungsanstalt, in welcher Lohnklasse, oder, sofern die Beiträge für einzelne Berufszweige verschieden bemessen sind, für welchen Berufszweig Beiträge zu entrichten sind, werden von der für den Beschäftigungsort zuständigen unteren Verwaltungsbehörde*)

*) Verzeichniß in Pfafferoths „Rechtsbeistand." Bei Seeleuten vom Seemannsamt.

(Gemeindevorstand, Landrath u. a.) entschieden. Gegen deren Entscheidung steht den Betheiligten binnen 4 Wochen die Beschwerde an die höhere Verwaltungsbehörde zu, welche endgültig entscheidet.

Das Gleiche greift Platz für Streitigkeiten zwischen den Organen verschiedener Versicherungsanstalten über die Frage, zu **welcher** derselben für bestimmte Personen Beiträge zu entrichten sind.

Im Uebrigen werden Streitigkeiten zwischen dem Arbeitgeber nnd den von ihm beschäftigten Personen über die **Berechnung** und **Anrechnung** der für diese entrichteten oder im Falle der Nr. 174 denselben zu erstattenden Beiträge von den unteren Verwaltungsbehörden*) endgültig entschieden.

Ausgleichungen und Berichtigung der Quittungskarten.

184. Berichtigungen der Quittungskarten erfolgen, sofern die Betheiligten über dieselben einverstanden sind, durch die die Kontrole ausübenden Organe, Behörden oder Beamten, oder durch die die Beiträge einziehenden Organe, anderenfalls nach Erledigung des Streitverfahrens (Nr. 183). Nach endgültiger Erledigung dieser Streitigkeiten hat die untere Verwaltungsbehörde*) von Amtswegen dafür zu sorgen, daß zu wenig erhobene Beträge durch nachträgliche Verwendung von Marken beigebracht werden. Zu viel erhobene Beträge sind von der Versicherungsanstalt wieder einzuziehen und nach Vernichtung der in die Quittungskarten eingeklebten, betreffenden Marken und Berichtigung der Aufrechnungen an die betheiligten Arbeitgeber und Versicherten zurückzuzahlen.

Handelt es sich um die Verwendung von Marken einer unzuständigen Versicherungsanstalt, so ist nach Vernichtung der irrthümlich beigebrachten Marken ein der Zahl der Beitragswochen entsprechender Betrag von Marken

*) Bei Seeleuten vom Seemannsamt.

der zuständigen Versicherungsanstalt beizubringen. Der Betrag der vernichteten Marken ist dann von der Versicherungsanstalt, welche sie ausgestellt hatte, wieder einzuziehen und zwischen den betheiligten Arbeitgebern und Versicherten entsprechend zu theilen.

An die Stelle der Vernichtung von Marken kann auch die Einziehung der Quittungskarten und die Ausstellung neuer treten.

Ueber die Erstattung von Beiträgen an die Versicherten siehe Nr. 56, 57.

Beitreibung.

185. Rückstände sowie die in die Kasse der Versicherungsanstalt fließenden Strafen werden in derselben Weise beigetrieben wie Gemeindeabgaben. Rückstände haben das Vorzugsrecht erster Stelle im Konkurse und verjähren binnen vier Jahren nach der Fälligkeit.

Kontrole.

186. Die Versicherungsanstalten können zum Zweck der Kontrole Vorschriften erlassen und die Arbeitgeber zur rechtzeitigen Erfüllung dieser Vorschriften durch Geldstrafen bis 100 Mark anhalten, wogegen binnen 2 Wochen Beschwerde an das Landes- bzw. Reichsversicherungsamt zulässig ist. Auch Letzteres kann den Erlaß derartiger Vorschriften anordnen oder solche selbst erlassen.

187. Die Arbeitgeber müssen über die Zahl der von ihnen beschäftigten Personen und über die Dauer der Beschäftigung den Organen der Versicherungsanstalt, sowie den mit der Kontrole beauftragten Behörden oder Beamten auf Verlangen Auskunft ertheilen und denselben die Geschäftsbücher oder Listen, aus welchen jene That-

*) Will der Arbeitgeber diese Arbeiten sowie die Markenverwendung einem bevollm. Betriebsleiter übertragen, so sind Name u. Wohnort desselben dem Vorstande der Versicherungsanstalt mitzutheilen.

sachen hervorgehen, zur Einsicht während der Betriebszeit an Ort und Stelle vorlegen. Ebenso sind die Versicherten zur Ertheilung von Auskunft über Ort und Dauer ihrer Beschäftigung verpflichtet. Die Arbeitgeber und die Versicherten haben ferner den bezeichneten Organen, Behörden und Beamten auf Erfordern die Quittungskarten zur Kontrolirung gegen Bescheinigung auszuhändigen und können hierzu von der unteren Verwaltungsbehörde durch Geldstrafen bis 300 Mark angehalten werden, wogegen Beschwerde an die vorgesetzte Behörde zulässig.

Die Mitglieder der Vorstände und sonstiger Organe der Versicherungsanstalten sowie die das Aufsichtsrecht über dieselben ausübenden Beamten werden jedoch, wenn sie unbefugt *Betriebsgeheimnisse offenbaren*, welche kraft ihres Amtes zu ihrer Kenntniß gelangt sind, mit Geldstrafe bis zu 1500 Mark oder Gefängniß bis drei Monaten bestraft. Die Verfolgung tritt nur auf Antrag des Betriebsunternehmers ein.

Für dieselben Personen tritt Gefängniß, neben welchem auf Verlust der bürgerlichen Ehrenrechte erkannt werden kann, ein, wenn sie *absichtlich zum Nachtheile* der Betriebsunternehmer solche Betriebsgeheimnisse offenbaren, oder wenn sie geheim gehaltene Betriebseinrichtungen oder Betriebsweisen, welche kraft ihres Amtes zu ihrer Kenntniß gelangt sind, solange als diese Betriebsgeheimnisse sind, nachahmen. Thun sie dies, um sich oder einem Anderen einen Vermögensvortheil zu verschaffen, so kann neben der Gefängnißstrafe auch noch auf Geldstrafe bis 3000 Mark erkannt werden.

188. Die durch die Kontrole den Versicherungsanstalten erwachsenden Kosten gehören zu den Verwaltungskosten. Soweit dieselben in baaren Auslagen bestehen, können sie durch den Vorstand der Versicherungsanstalt

dem Arbeitgeber auferlegt werden, wenn derselbe durch Nichterfüllung der ihm obliegenden Verpflichtungen zu ihrer Aufwendung Anlaß gegeben hat. Dagegen findet binnen 2 Wochen die Beschwerde an die untere Verwaltungsbehörde statt. Die Beitreibung der auferlegten Kosten erfolgt in derselben Weise, wie die der Gemeindeabgaben.

Strafbestimmungen für unrichtige Nachweisungen u. dergl.

189. Arbeitgeber oder deren bevollmächtigte Betriebsleiter, welche in die von ihnen auf Grund gesetzlicher oder von der Versicherungsanstalt erlassener Bestimmung aufzustellenden Nachweisungen oder Anzeigen Eintragungen aufnehmen, deren Unrichtigkeit ihnen bekannt war oder bei gehöriger Aufmerksamkeit nicht entgehen konnte, können von dem Vorstande der Versicherungsanstalt Ordnungsstrafen bis 500 Mark erhalten, wogegen Beschwerde binnen 2 Wochen an das Landes- bzw. Reichs-Versicherungsamt zulässig ist.

E. Aufsicht.

Reichsversicherungsamt.

190. Die Versicherungsanstalten unterliegen in Bezug auf die Befolgung der gesetzlichen und statutarischen Vorschriften der Beaufsichtigung durch das Reichs-Versicherungsamt. Dasselbe ist befugt, jederzeit eine Prüfung der Geschäftsführung der Versicherungsanstalten vorzunehmen.

Das Reichs-Versicherungsamt entscheidet auch über Streitigkeiten, welche sich auf die Rechte und Pflichten der Organe der Versicherungsanstalten sowie der Mitglieder dieser Organe, auf die Auslegung der Statuten und auf die Gültigkeit der vollzogenen Wahlen, soweit über letztere nicht nach Nr. 143 zu befinden ist, beziehen. Auf die dienstlichen Verhältnisse der laut Nr. 142 bestellten Beamten erstreckt sich dies nicht.

191. Die Entscheidungen des Reichs-Versicherungsamts

erfolgen in der Besetzung von mindestens zwei ständigen und zwei nichtständigen Mitgliedern, unter welchen sich je ein Vertreter der Arbeitgeber und der Versicherten befinden muß, und unter Zuziehung von mindestes einem richterlichen Beamten, wenn es sich um die Entscheidung auf Revisionen gegen die Entscheidungen der Schiedsgerichte, oder um die Entscheidung vermögensrechtlicher Streitigkeiten bei Veränderungen des Bestandes der Versicherungsanstalten handelt. S. Nr. 157.

Als Vertreter der Arbeitgeber und der Versicherten gelten auch die nach Nr. 129 zu nichtständigen Mitgliedern des Reichs-Versicherungsamts gewählten Vertreter der Betriebsunternehmer und der Arbeiter, ohne Beschränkung auf die Angelegenheiten ihres besonderen Berufszweiges.

Landes-Versicherungsämter.

192. An die Stelle des Reichs-Versicherungsamts tritt in den bezüglichen Orts vermerkten Fällen das Landes-Versicherungsamts (Nr. 132) für solche Versicherungsanstalten, welche sich über das Gebiet des Bundesstaates nicht hinaus erstrecken, also hier nur das für Bayern, Kgr. Sachsen, Württemberg, Baden und Hessen.

F. Besondere Kasseneinrichtungen für Personen in Betrieben des Reichs, der Bundesstaaten oder Kommunalverbände.

193. In Betrieben des Reichs, eines Bundesstaates oder eines Kommunalverbandes beschäftigte Personen, welche nicht zu den pensionsfähigen angestellten Beamten gehören, genügen der gesetzlichen Versicherungspflicht durch Betheiligung an einer von Bundesrath anerkannten besonderen Kasseneinrichtung (Pensions-, Alters-, Invalidenkassen), durch welche ihnen eine den reichsgesetzlich vorgesehenen Leistungen gleichwerthige Fürsorge gesichert ist. Doch müssen bei denselben folgende Voraussetzungen zutreffen:

1. Die Beiträge der Versicherten dürfen, soweit sie für die Invaliditäts- und Altersversicherung in Höhe des reichsgesetzlichen Anspruchs entrichtet werden, die Hälfte des für den letzteren nach Nr. 53 zu erhebenden Beitrags nicht übersteigen, es sei denn, daß in der betreffenden Kasseneinrichtung die Beiträge nach einem von der Berechnungsweise der Nr. 53 abweichenden Verfahren aufgebracht und in Folge dessen höhere Beiträge erforderlich werden, um die der Kasseneinrichtung aus Invaliden- und Altersrenten in Höhe des reichsgesetzlichen Anspruchs obliegenden Leistungen zu decken. Sollten hiernach höhere Beiträge zu erheben sein, so dürfen jedenfalls die Beiträge der Versicherten die der Arbeitgeber nicht übersteigen.
2. Bei Berechnung der Wartezeit und der Rente ist den bei solchen Kasseneinrichtungen betheiligten Personen, soweit es sich um das Maß des reichsgesetzlichen Anspruchs handelt, die bei Versicherungsanstalten zurückgelegte Beitragszeit in Anrechnung zu bringen. S. Nr. 42.
3. Ueber den Anspruch der einzelnen Betheiligten auf Gewährung von Invaliden- und Altersrente muß ein schiedsgerichtliches Verfahren unter Mitwirkung von Vertretern der Versicherten zugelassen sein.

Als Kasseneinrichtungen dieser Art sind zugelassen: Die Pensionskassen für die Arbeiter der preußischen, bayerischen, sächsischen und badischen Staatseisenbahnverwaltungen, sowie der Reichseisenbahnverwaltung; die Arbeiter-Pensionskasse für die badische Bodenseedampfschifffahrts- und Salinenverwaltung; die norddeutsche Knappschaftspensionskasse zu Halle a. S., der Saarbrücker Knappschaftsverein und die Allgemeine Knappschaftspensionskasse für das Königreich Sachsen.

Denselben wird zu den von ihnen zu leistenden Invaliden- und Altersrenten der Reichszuschuß (Nr. 41) gewährt, sofern ein Anspruch auf solche Renten auch schon nach Nr. 2, 3, 25 bestehen würde.

Von 1891 ab wird die Betheiligung bei solchen zugelassenen Kasseneinrichtungen der Versicherung in einer Versicherungsanstalt gleichgeachtet. Die (nach Nr. 25) zu gewährenden Renten werden auf die dabei in Betracht kommenden Versicherungsanstalten und Kasseneinrichtungen gemäß Nr. 42, 162 vertheilt.

Wenn bei einer solchen Kasseneinrichtung die Beiträge nicht in der vorgeschriebenen Form (siehe Nr. 165 u. folgd.) erhoben werden, hat der Vorstand der Kasseneinrichtung den ausscheidenden Personen die Dauer ihrer Betheiligung, die Höhe des bezogenen Lohnes, die Zugehörigkeit zu einer Krankenkasse, sowie die Dauer etwaiger Krankheiten (Nr. 33) zu bescheinigen.

194. Der Bundesrath kann die vorstehenden Normen auch auf Mitglieder anderer Kasseneinrichtungen, welche die Fürsorge für den Fall der Invalidität oder des Alters zum Gegenstand haben, zur Anwendung bringen.

195. Das unter Nr. 157, 158, 160—164 Gesagte findet auch auf die vorbezeichneten zugelassenen Kasseneinrichtungen entsprechende Anwendung. Den letzteren ist bei der Vertheilung der von Versicherungsanstalten festgestellten Renten die gleiche Summe von Beiträgen anzurechnen, welche bei Bemessung der Rente für die Dauer der Versicherung des Rentenempfängers bei einer Kasseneinrichtung nach (Nr. 42) in Anrechnung gebracht ist. Die Vertheilung von Renten, welche bei einer Kasseneinrichtung festgestellt sind, erfolgt, soweit ein Anspruch auf dieselben auch nach Nr. 25 bestehen würde und soweit dieselben das Maß des reichgesetzlichen Anspruchs nicht übersteigen, nach dem Verhältniß der den Versicherungsanstalten und Kasseneinrichtungen zugeflossenen Beiträge, letzterer, soweit sie für die Gewährung von Renten in der durch das Gesetz festgesetzten Höhe für erforderlich zu erachten sind.

Anhang I.

I.

Verzeichniß

der Versicherungsanstalten für die Invaliditäts- und Altersversicherung.

1. in Königsberg i. Pr. für die preußische Provinz Ostpreußen.
2. in Danzig für die preußische Provinz Westpreußen.
3. in Berlin für die preußische Provinz Brandenburg.
4. in Berlin für den preußischen Stadtkreis Berlin.
5. in Stettin für die preußische Provinz Pommern.
6. in Posen für die preußische Provinz Posen.
7. in Breslau für die preußische Provinz Schlesien.
8. in Münster i. W. für die preußische Provinz Westfalen.
9. in Merseburg für die preußische Provinz Sachsen und das Herzogthum Anhalt.
10. in Kiel für die preußische Provinz Schleswig-Holstein und das oldenburgische Fürstenthum Lübeck.
11. in Hannover für die preußische Provinz Hannover und die Fürstenthümer Pyrmont, Schaumburg-Lippe und Lippe.
12. in Cassel für die preußische Provinz Hessen-Nassau das Fürstenthum Waldeck.
13. in Düsseldorf für die preußische Rheinprovinz, die Hohenzollernschen Lande und das oldenburgische Fürstenthum Birkenfeld.
14. in München für den bayerischen Regierungs-Bezirk Oberbayern.

15. in Landshut für den bayerischen Regierungs-Bezirk Niederbayern.
16. in Speier für den bayerischen Regierungs-Bezirk Pfalz.
17. in Regensburg für den bayerischen Regierungs-Bezirk Oberpfalz und Regensburg.
18. in Bayreuth für den bayerischen Regierungs-Bezirk Oberfranken.
19. in Ansbach für den bayerischen Regierungs-Bezirk Mittelfranken.
20. in Würzburg für den bayerischen Regierungs-Bezirk Unterfranken und Aschaffenburg.
21. in Augsburg für den bayerischen Regierungs-Bezirk Schwaben und Neuburg.
22. in Dresden für das Königreich Sachsen.
23. in Stuttgart für das Königreich Württemberg.
24. in Karlsruhe für das Großherzogthum Baden.
25. in Darmstadt für das Großherzogthum Hessen.
25. in Schwerin für die Großherzogthümer Mecklenburg-Schwerin und Mecklenburg-Strelitz.
27. in Weimar für das Großherzogthum Sachsen-Weimar-Eisenach, die Herzogthümer Sachsen-Meiningen, Sachsen-Altenburg, Sachsen-Coburg und Gotha, sowie die Fürstenthümer Schwarzburg-Sondershausen, Schwarzburg Rudolstadt, Reuß ä. L., Reuß j. L.
28. in Oldenburg füe das Herzogthum Oldenburg (Theil des Großherzogthums).
29. in Braunschweig für das Herzogthum Braunschweig.
30. in Lübeck für die Freien und Hansastädte Lübeck, Bremen und Hamburg.
31. in Straßburg für die Reichslande Elsaß-Lothringen.

II. Verzeichniß
sämmtlicher Berufsgenossenschaften.

A. Industrielle Berufsgenossenschaften.

1. Knappschafts-B.-G., Sitz zu Berlin.
2. Steinbruchs-B.G. zu Berlin
3. B.-G. der Feinmechanik zu Berlin.
4. Süddeutsche Eisen- u. Stahl-B.-G. zu Frankfurt a/M.
5. Südwestdeutsche Eis.-B.G. zu Saarbrücken.
6. Rheinisch-Westfälische Hütten- und Walzwerks-B.G. zu Düsseldorf.
7. Rheinisch-Westfälische Maschinenbau- und Kleineisenindustrie-B.G. zu Düsseldorf.
8. Sächsisch-Thüringische Eisen- und Stahl-B.G. zu Leipzig.
9. Nordöstliche Eisen- und Stahl-B.G. zu Berlin.
10. Schlesische Eisen- und Stahl-B.G. zu Breslau.
11. Nordwestliche Eisen- und Stahl-B.G. zu Hannover.
12. Süddtsche. Edel- u. Unedelmetall-B.-G. zu Stuttgart.
13. Norddeutsche Edel- u. Unedelmetall-Industrie-B.G. zu Berlin.
14. B.G. der Musikinstrumenten-Industrie zu Leipzig.
15. Glas-B.G. zu Berlin.
16. Töpferei-B.G. zu Berlin.
17. Ziegelei-B.G. zu Berlin.
18. B.G. der chemischen Industrie zu Berlin.
19. B.G. der Gas- u. Wasserwerke zu Berlin.
20. Leinen-B.G. zu Berlin.
21. Norddeutsche Textil-B.G. zu Berlin.
22. Süddeutsche Textil-B.G. zu Augsburg.
23. Schlesische Textil-B.G. zu Breslau.
24. Textil-B.G. von Elsaß-Lothringen zu Mülhausen i. Els.
25. Rheinisch-Westfälische Textil-B.G. zu M. Gladbach.
26. Sächsische Textil-B.-G. zu Leipzig.
27. Seiden-B.G. zu Krefeld.
28. Papiermacher-B.G. zu Berlin.

29. Papierverarbeitungs-B.G. zu Berlin.
30. Lederindustrie-B.G. zu Berlin.
31. Sächsische Holz-B.G. zu Dresden.
32. Norddeutsche Holz-B.G. zu Berlin.
33. Bayerische Holzindustrie-B.G. zu München.
34. Südwestdeutsche Holz-B.G. zu Stuttgart.
35. Müllerei-B.G. zu Berlin.
36. Nahrungsmittelindustrie-B.G. zu Mannheim.
37. Zucker-B.G. zu Berlin.
38. Brennerei-B.G. zu Berlin.
39. Brauerei- u. Mälzerei-B.G. zu Frankfurt a/M.
40. Taback-B.G. zu Berlin.
41. Bekleidungsindustrie-B.G. zu Berlin.
42. B.G. der Schornsteinfegermeister des Deutschen Reichs zu Berlin.
43. Hamburgische Baugewerks-B.G. zu Hamburg.
44. Nordöstliche Baugewerks-B.G. zu Berlin.
45. Schlesisch-Posensche Baugewerks-B.G. zu Breslau.
46. Hannoversche Baugewerks-B.G. zu Hannover.
47. Magdeburgische Baugewerks-B.G. zu Magdeburg.
48. Sächsische Baugewerks-B.G. zu Dresden.
49. Thüringische Baugewerks-B.G. zu Erfurt.
50. Hessen-Nassauische Baugewerks-B.G. zu Frankfurt a/M.
51. Rheinisch-Westfälische Baugewerks-B.G. zu Elberfeld.
52. Württembergische Baugewerks B.G. zu Stuttgart.
53. Bayerische Baugewerks-B.G. zu München.
54. Südwestliche Baugewerks-B.G. zu Straßburg i. Els.
55. Buchdrucker-BG. zu Leipzig.
56. Privatbahn-B.G. zu Lübeck.
57. Straßenbahn-B.G. zu Berlin.
58. Speditions-, Speicherei- u. Kellerei-B.G. zu Berlin.
59. Fuhrwerks-B.G. zu Berlin.
60. Westdeutsche Binnenschifffahrts-B.G. zu Duisburg.
61. Elbschiffahrts-B.G. zu Magdeburg.
62. Ostdeutsche Binnenschifffahrts-B.G. zu Bromberg.
63. See-B.G. zu Hamburg.
64. Tiefbau-B.G. zu Berlin.

B. Landwirthschaftliche Berufsgenossenschaften.

1. Ostpreußische l. B.G. zu Königsberg i. Pr.
2. Westpreußische l. B.G. zu Danzig.
3. Brandenburgische l. B.G. zu Berlin.
4. Pommersche l. B.G. zu Stettin.
5. Posensche l. B.G. zu Posen.
6. Schlesische l.B.G. zu Breslau.
7. l. B.G. für die Provinz Sachsen zu Merseburg.
8. Schleswig-Holsteinische l. B.G. zu Kiel.
9. Hannoversche l. B.G. zu Hannover.

10. Westfälische l. B.G. zu Münster.
11. Hessen-Nassauische l. B.G. zu Kassel.
12. Rheinische l. B.G. zu Düsseldorf.
13. Oberbayerische l. B.G. zu München.
14. Niederbayerische l. B.G. zu Landshut.
15. Pfälzische l. B.G. zu Speyer.
16. Oberpfälzische l. B.G. zu Regensburg.
17. Oberfränkische l. B.G. zu Bayreuth.
18. Mittelfränkische l. B.G. zu Ansbach.
19. Unterfränkische l. B.G. zu Würzburg.
20. Schwäbische l. B.G. zu Augsburg.
21. l. B.G. für das Königreich Sachsen zu Dresden.
22. l. B.G. für den Neckarkreis Stuttgart.
23. l. B.G. für d. Schwarzwaldkreis zu Reutlingen.
24. l. B.G. für den Jagstkreis zu Ellwangen.
25. l. B.G. für den Donaukreis zu Ulm.
26. Badische l. B.G. zu Karlsruhe.
27. l. B.G. für das Großherzogthum Hessen zu Darmstadt.
28. Mecklenburg-Schwerinsche l. B.G. zu Schwerin.
29. Weimarische l. B.G. zu Weimar.
30. Mecklenburg-Strelitzische B.G. zu Neubrandenburg.
31. Oldenburgische l. B.G. zu Oldenburg.
32. Braunschweigische l. B.G. zu Braunschweig.
33. Sachsen-Meiningensche l. B.G. zu Meiningen.
34. Sachsen-Altenburgische l. B.G. zu Altenburg.
35. Coburgische l. B.G. zu Coburg.
36. Gothaische l. B.G. zu Gotha.
37. Anhaltische l. B.G. z. Dessau.
38. Schwarzburg-Rudolstädtische l. B.G. zu Rudolstadt.
39. Schwarzburg-Sondershausensche l. B.G. zu Sondershausen.
40. l. B.G. für das Fürstenthum Reuß ä. L. zu Greiz.
41. l. B.G. für das Fürstenthum Reuß j. L. zu Gera.
42. Schaumburg-Lippische l. B.G. zu Stadthagen.
43. Lippesche l. BG. zu Detmold.
44. Bremische l. BG. zu Bremen.
45. Hamburgische l. B.G. zu Hamburg.
46. Unterelsässische l. B.G. zu Straßburg i. Els.
47. Oberelsässische l. B.G. zu Colmar.
48. Lothringische l. B.G. zu Metz.

Druck von Emil Billig, Berlin SW., Lindenstr. 53.

FSC
www.fsc.org
MIX
Papier | Fördert
gute Waldnutzung
FSC® C083411

Kolibri 360 GmbH
Ferdinand-Jühlke-Straße 7
99095 Erfurt, Deutschland
produktsicherheit@kolibri360.de